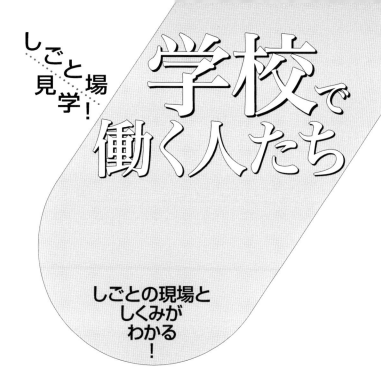

しごと場見学！

学校で働く人たち

しごとの現場と
しくみが
わかる！

松井大助 著
全国中学校進路指導・キャリア教育
連絡協議会推薦

ぺりかん社

この本でみなさんに
伝えたいこと

　私たちが日々の暮らしの中でひんぱんに利用する場所や、どこの町にもある施設――このシリーズではそんな場所や施設を見学し、そこで働く人たちの仕事を紹介します。
　学校や病院、駅や空港、ホテルやレストラン、放送局や水道局。
　世の中にあるさまざまな場所は、建ものがあるだけで成り立っているわけではありません。そこで働く人たちが、いろいろな任務をまっとうしてこそ、その場所として機能するようになります。
　たとえば、駅で働く人といえば、電車を操縦する運転士や、改札窓口にいる駅員さんが、まっ先に思い浮かぶことでしょう。でも、駅の機能を支えているのは、彼らだけではありません。電車の点検・整備をする車両係員や、線路や枕木をチェックする校務係員、駅の電気設備を保守・点検する電気係員なども活躍しています。
　人が多く集まるところでは、必ずいくつかの職種の人たちが協力し合って働いています。私たちは日常生活でいろいろな職業の人びとのお世話になっていますが、実際に顔を合わせたり、言葉を交わすのは、そのうちのほんの一部の人だけなのです。
　近くにいるのにふだんはなかなか出会えない人、直接見る機会が少ない仕事、めったに入れない場所。そんな人や仕事や場所にスポットライトを当てて紹介していくのが、このシリーズの特徴です。
　みなさんも学校のキャリア教育の一貫として、職場見学や職場体験をなさるでしょう。この本をその事前学習の教材として、あるいは実際には行けない職場のバーチャル体験として、活用していただければと思っています。

＊　＊　＊

　さて、この本では「学校」という場所を取り上げました。
　学校は、みなさんにとって、もっとも身近な場所の一つでしょう。
　けれども、もしも今、あなたが学校をつくることになったら、そこが学校として成り立つためにどんな「働く人」に集まってもらえばいいかは、よくわからないはずです。何はともあれ教師はいなければいけないとして、それ以外では……？
　参考までに、今からこの本でふれていく、学校にかかわる主な仕事や役職をあげてみましょう。
　小学校教師、中学校教師、高校教師、特別支援学校教諭。
　実習助手・実習教諭、常勤講師、非常勤講師、特別非常勤講師。
　栄養士、学校調理員、用務主事、学校事務職員、学校警備員。
　養護教諭、学校医、学校歯科医、学校薬剤師、スクールカウンセラー。
　司書、キャリア教育コーディネーター、地域コーディネーター。
　校長、副校長、教頭、主幹教諭、指導教諭、教育委員会　指導主事。
　いかがでしょうか。これだけ多くの人が学校にかかわっているイメージがあったでしょうか。それぞれの仕事で、やるべきことは違います。学校を運営するには、それだけ多様な役割が必要になるのです。
　一方で、学校で働く人全員に「共通していること」もあります。
　それは、全員が「子どもたちの力になりたい」と思っていることです。子どもたちがふだん接するのは、教師や養護教諭くらいかもしれません。しかし、ほかの人たちも間違いなく、見えないところから子どもたちの力になろうと努めています。
　当たり前のようにそこにある学校生活。
　実はそれが、大勢の人の日々の奮闘によって支えられていることを、少しでも感じてもらえたなら、うれしく思います。

著者

学校で働く人たち　目次

この本でみなさんに伝えたいこと ……………………… 3

Chapter 1

学校ってどんな場所だろう？

学校にはこんなにたくさんの仕事があるんだ！ ……………… 10
学校をイラストで見てみよう ……………………………… 12

Chapter 2

授業中の学校をのぞいてみよう

授業中の学校をCheck！ ……………………………… 18
授業中の学校をイラストで見てみよう ……………………… 20
働いている人にInterview！①**小学校教師** ……………… 32
働いている人にInterview！②**中学校教師** ……………… 38
働いている人にInterview！③**用務主事** ………………… 44
　ほかにもこんな仕事があるよ！ …………………………… 50
　└ 特別支援学校教諭、実習助手・実習教諭、
　　 臨時的任用教員（常勤講師）、非常勤講師、
　　 特別非常勤講師、学校警備員

Chapter 3

お昼の学校をのぞいてみよう

お昼の学校をCheck！ ………………………………………… 54

お昼の学校をイラストで見てみよう ……………………………… 56

働いている人にInterview!④ **栄養士** ……………………………… 66

働いている人にInterview!⑤ **養護教諭** …………………………… 72

働いている人にInterview!⑥ **学校司書** …………………………… 78

　ほかにもこんな仕事があるよ！ …………………………… 84
　└ 学校調理員、栄養教諭、学校医、
　　学校歯科医、学校薬剤師、司書教諭

Chapter 4

放課後の学校をのぞいてみよう

放課後の学校をCheck！ ……………………………………… 88

放課後の学校をイラストで見てみよう ……………………… 90

働いている人にInterview!⑦**高校教師** ……………………… 100

働いている人にInterview!⑧**校長** …………………………… 106

働いている人にInterview!⑨**学校事務職員** ………………… 112

ほかにもこんな仕事があるよ！ ……………………………… 118
　└ **副校長、教頭、主幹教諭、指導教諭**

Chapter 5

学校を支える仕事を見てみよう

学校を支える仕事をCheck！ ……………………………………… 122

働いている人にInterview!⑩ **教育委員会　指導主事** …………… 132

働いている人にInterview!⑪ **スクールカウンセラー** …………… 138

働いている人にInterview!⑫ **キャリア教育コーディネーター** …… 144

ほかにもこんな仕事があるよ！ ………………………………… 150
　└ 子どもと親の相談員、地域コーディネーター、
　　教育委員会 事務局職員、文部科学省 職員

この本ができるまで ……………………………………………… 152

この本に協力してくれた人たち ………………………………… 153

Chapter 1

学校って
どんな場所
だろう?

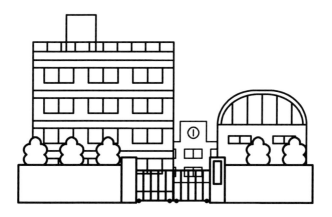

Chapter 1　学校ってどんな場所だろう？

学校には
こんなにたくさんの
仕事があるんだ！

学校のことをどれだけ知っている？

　学校という場所は、みんなにとって通い慣れたところだから、改めて調べてみようと思ったことは、今までないかもしれない。

　でも、あなたにとってなじみ深いのは、あくまでも学生の目線から見た学校の姿では？　その学校において、誰が、どこで、どんな思いを抱いて、何をしているのか、はたしてどこまで知っているだろう？

　たとえば教師、いわゆる学校の先生は身近な存在ではあるけれども、では、子どもたちと接していない時は、職員室や教室で何をしているのか。校長先生は、朝礼などで児童や生徒の前であいさつをする以外に、ふだんはどんな仕事をしているのか。

　保健室の先生は、誰も保健室に来ていない時は何をしているのか。

そうした先生以外に、学校ではどんな人たちが働いているのか。

よく知っているようで、実は案外、わからないところもたくさんある学校という場所。

この本では、小学校から中学校や高校までが敷地内で隣り合っている架空の「ペンギン学校」を舞台に、その現場で働くさまざまな人びとを紹介していこう。

子どもたちが成長できる学校に

そもそも学校で働く人びとは、学校をどういった場所にすることをめざしているのだろうか。

まずあげられるのは、「子どもたちが成長できる場所」にすることだ。心も頭も体も育つように。

そのために、小学校教師も、中学校教師も、高校教師も、学校の教室や校庭や体育館で、子どもたちに教科の授業を行っている。

さらに教師は、教科の学習以外のことも、子どもたちに学校のなかでいろいろと学んでほしい、と望んでいる。

何かをやり遂げることのおもしろさや、みんなで協力し合うことの大切さ、責任をもって役割を果たすことで得られる手ごたえ。そうしたことを、身をもって体感すること。あるいは、自分の長所や特技、生命や自然のすばらしさに気づくこと。自分の感情をうまくコントロールすることや、健康であるための生活習慣を身につけること。

すべてふだんの学校生活を通して学んでほしいことでもあるし、ある意味、そうした内面の成長を後押しするための舞台として用意されているのが、体育祭や文化祭、球技大会や合唱コンクール、宿泊学習や修学旅行などの学校行事でもある。

校長や教頭などの管理職から各学年の担任まで、教師全員にとっては、そうした行事も含めた学校全体の「教育計画」をきちんとつくり、一つひとつ抜かりなく準備していくことも大切な仕事といえる。

Chapter 1 学校ってどんな場所だろう？

学校をイラストで見てみよう

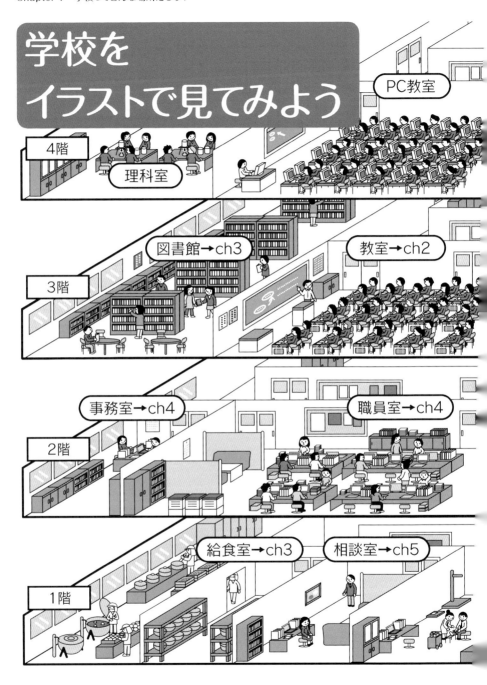

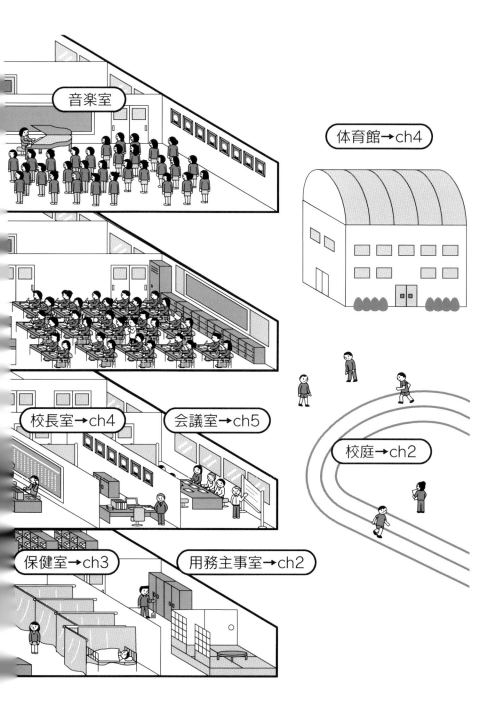

学びやすい環境もしっかりと整えて

　ところで、授業をするにしても、行事に取り組むにしても、机や椅子から、テープやペン、校庭にラインを引くためのライン引きまで、現場ではいろいろなものが必要になる。何かを学ぶには、意外と道具が欠かせない。学校事務職員は、うまくお金をやりくりしながら、そうした必要なものを、必要な時に、必要な分量だけ、きちんとそろえている。

　また、ものごとを広く学ぶためには、たくさんの情報にふれられる場所であることも大切だ。それだけに学校には、情報の宝庫といえる図書館が置かれている。そしてそこでは、図書館運営のプロである司書や、本にくわしい教師が活躍している。

　最近ではさらに、大学教授や企業で働く人など、生身の人間が旬の情報を子どもたちに伝えてくれることも増えている。そうした人を学校に招くために、舞台裏では、教師のほかに、教育委員会の指導主事やキャリア教育コーディネーターといった人たちが奮闘しているものだ。

　もう一つ、学ぶうえでも、成長するうえでも大事な要素がある。それはずばり、しっかりとごはんを食べられること！　食べることは、体の成長のためにも大事だし、お腹がすいているとなんにもやる気が出ない人は結構多いはず。給食のある学校では、栄養士や調理員が、毎日のメニューを考えては栄養のあるお昼ごはんを用意している。

子どもたちが安全・安心に過ごせる学校に

　学校はまた、学びの場であるとともに、「子どもたちが安全・安心に過ごせる場所」でもなければいけない。

　たとえば給食にしても、栄養士や調理員が、おいしさや栄養にこだわるだけでなく、つくるうえでの衛生面に十分に気を配っている。

　校庭や校舎の安全については、用務主事が、毎日学校を見回っては、危ないところや手入れの行き届いていないところがないかをチェック。

気になるところがあれば、清掃や備品の交換、設備の修理・修繕などに当たっている。

さらに教師も、机や椅子の管理や、理科の実験道具の定期点検などを手分けして担い、子どもたちが学校の備品をいつも安全に使えるように気を配っている。

保健室の先生、すなわち養護教諭も、子どもたちが健康を損なわずに学校で過ごせるよう、校内の環境を整えるのに一役買っている。学校の水道の水の品質を毎日チェックしているほか、非常勤の学校薬剤師と協力して、定期的に、教室の照明の明るさや、空気の汚れぐあいなども検査しているのだ。

子どもがケガをした時や、ぐあいが悪い時などは、その養護教諭が応急手当てをしたり、病院と連絡を取ってすぐさま連れていったりと、迅速に対応する。また、子どもが悩みを抱えているような時も、スクールカウンセラーや養護教諭が中心となって相談にのっていく。

このように、安全・安心に過ごせる場所にするための取り組みがきちんとされてこそ、子どもたちも集中してものごとを学べるのだ。

学校で働く人びとの思いに迫ろう

それでは、つぎの章からはペンギン学校の仕事の現場を見ていこう。

ふたりの中学生が、授業中やお昼から放課後まで、時間とともにさまざまな一面をのぞかせる学校の現場を、1日かけて歩いていく。いつ、どこで、誰と出会い、どんな会話を交わすことになるのか。よかったらあなたも、いっしょに回っているつもりで楽しんでみてほしい。

また、学校見学のストーリーの合間には、インタビューページとして、実際に学校で働いている人にも登場してもらう。その人たちがどんな思いで仕事をしているのかも、ぜひ確かめてみてほしい。ふだんは照れくさくて言えないような、仕事への情熱や、かかわる子どもたちへのまっすぐな思いが、かいま見えるかもしれない!

Chapter 2

授業中の学校をのぞいてみよう

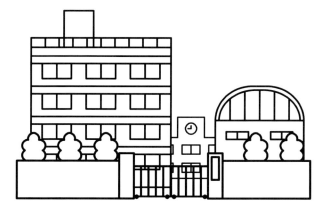

授業中の学校を

授業中の学校は、
教室の光景は見慣れていても、
学校全体で起きていることは
よくわからないはず。
あちらやこちらで働いている
あの人のこと、知っているかな？

　小学校から中学校、高校までが、同じ敷地内で隣り合っていて、全体で一つの学校を形づくっている「ペンギン学校」。

　中学生の小田くんと白井さんは、自分たちの学校の創立記念日を利用して、ペンギン学校の見学に訪れた。ふだんから自分たちも学校に通っているとはいえ、ほかの学校を訪れるのはまた勝手が違い、少しドキドキするものだ。

　校門をくぐり、校舎に入って、玄関先の受付窓口で見学に来たことを伝えると、出迎えてくれたのはペンギン学校の副校長だった。

＊　＊　＊

学校見学、始まり始まり!

　小田くん・白井さん「おはようございます。今日はよろしくお願いします」

　副校長「おはようございます。ペンギン学校へようこそ。この学校の副校長です。今日は私が案内しますね」

白井さん「副校長先生がわざわざ案内してくださるんですか?　ありがとうございます!」

副校長「いやいや、そんなにかしこまらないで。**外から来たお客さんに対応するのも、副校長である私の仕事の一つ**なんだから」

小田くん「副校長先生って、上の立場から先生にあれこれ指示を出すだけかと思っていたんですけど……違(ちが)うんですね。知らなかったなあ」

副校長「素直な感想をありがとう。でもそう、小田くんが今、言ったように、学校は君たちにとって身近なところだろうけれど、意外とまだ知らないことがたくさんあると思うよ。先生のふだんの仕事一つとってもね。今日は学校のあちこちをまわって、そこで働く教職員のみなさんからも『ここだけの話』をたくさん聞いちゃいましょう。それでは、まずは小学校の校舎をのぞきにいってみようか」

Chapter 2　授業中の学校をのぞいてみよう

授業中の学校を
イラストで見てみよう

校庭

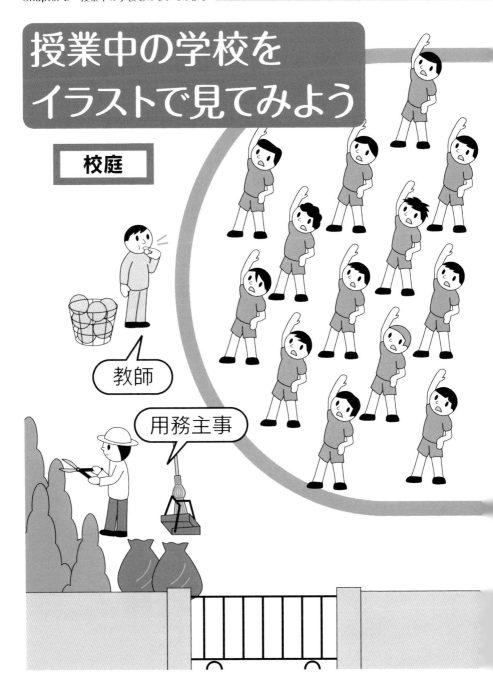

教師

用務主事

小学校の教室をのぞくと……

白井さん「小学校の校舎に来るのは久しぶりだなあ。授業をしているこのクラスは1年生ですか？ みんなちっちゃくてかわいい！」

副校長「小学生が受ける授業は、君たち中学生が受ける授業と比べると、先生のかかわり方に違いがあるんだけれど、覚えているかな？」

小田くん「そういえば、小学校では担任の先生が1時間目も2時間目も3時間目も、全部の教科を教えてくれていたっけ。中学校では、国語や数学や体育と、授業ごとに先生が替わるけれど」

副校長「その通り。**小学校の先生は、担任になったクラスに全教科を教える**もの。一方で、中学校の先生および高校の先生は、複数のクラスに自分の専門の1教科を教えることになるんだ。おっ、2時間目が終わって中休みになるようだね。先生に直接、話を聞いてみようか」

白井さん「先生、はじめまして。今、小学校の先生は全教科を教えるという話を聞いて、私は、国語は得意だけれど、算数や理科は苦手だから、全部を教えられるってすごいなあ、と思いました」

小学校教師「ありがとう。全教科を教えるのはもちろん簡単ではなくて、実は私も、小学校の先生をめざした学生時代に全

小学校・中学校・高校の違い

小学校・中学校・高校の違いをいくつかあげてみよう。

まず、小学校では、原則、担任の教師がクラスの子どもたちに全教科を教える。子どものことを「児童」と呼ぶ。これに対して中学校や高校では、担任はホームルームなどのクラス活動を担い、授業は教科ごとに違う教師が受けもつ。子どものことは「生徒」と呼ぶ。

また、小学校や中学校が（私立など一部の学校をのぞけば）「地域の子どもたちが中心に通う学校」といえるのに対して、高校というのは「学力別や目的別（工業高校や農業高校）に生徒が集まってくる学校」といえる。

学校の教職員は、子どもたちの力になることをめざすのはいっしょだが、こうした学校の違いによって、果たす役割や働き方も変わってくる。

教科を必死に勉強し直したんだ。それに、ここだけの話だけど、ある教科をどんな時間配分で、どう教えるといいかまとめた、**教員向けのガイド本のようなものもあるの**。新人のころはそうした本も参考になったな」

小田くん「そのガイド本通りにやれば、僕でも授業ができるとか？」

小学校教師「ただ、気をつけなければいけないのは、クラスの子どもたちの雰囲気が毎年まったく違うこと。どうすれば目の前の子たちにとっ

てわかりやすくて楽しい授業にできるか、ということは、やはり担任である自分自身がよく考えないとダメだよね」

白井さん「1年目や2年目は授業のやり方を考えるので悩みそう……」

小学校教師「そこはほら、先輩たちが相談にのってくれるから。放課後や夏休みには、教員同士で授業の仕方について勉強会も行うし、私の授業を、副校長先生や先輩方が見てくれてアドバイスをしてもらうこともあるし。教師になったら『教えるだけ』になるわけではなくて。**私たち教師もみんなで『勉強し続ける』ことはすごく大事**なんだ」

白井さん「なるほどなあ。……あっ、予鈴のチャイム。授業が始まるんですよね。先生、いろいろ教えてくれてありがとうございました！」

副校長「それじゃあ、今度は中学校の校舎に行ってみようか」

中学校の教室をのぞくと……

小田くん「中学校の教室はやっぱり見慣れた感じだなあ。授業ごとに、国語や数学の先生が入れ替わりで教室に来てくれるんですよね」

副校長「そうだね。学校によっては、先生が理科教室や社会科教室などの教科教室で待っていて、生徒のほうが1時間ごとに教科教室に移動す

教師もみんなで『勉強し続ける』

るところもあるけどね。せっかくだから中学校の先生にもじっくりと話しを聞きにいってみよう」

白井さん「えっ？　でも今は先生たち、みんな授業中ですよね？」

副校長「授業時間といえば、教室で生徒に勉強を教えるのが先生の主な仕事だけど……**中学校や高校の先生の場合、『空きコマ』というのもある**んだよ。毎日、１時間目から放課後までぎっちり授業があるわけではなくて、１日に１〜２コマは授業をしない時間もあって。その空きコマの時は、先生は職員室や教科教室にいるものなんだ」

小田くん「それって休み時間ってことですか!?」

副校長「どうだろう、空きコマは休み時間なのかな。ほら、職員室に着いたけれど、何人かの先生が自分の机にいるでしょう？　あそこにいるのは数学の先生。彼に今、何をしているのか、聞いてみるといいよ」

職員室で準備をする先生も

中学校教師「こんにちは。空きコマに何をしているのか聞きたいんだってね。そうだなあ。まずあげられるのは、授業の準備。僕の場合は、数学の教科書を読み込んで、教える内容をノートに整理し

中・高の先生には『空きコマ』がある

	月	火	水	木	金
1	2-1	2-4	2-2		2-3
2			1-1		1-4
3	1-4	2-2		1-2	
4	3-1	2-1	1-2	2-3	3-3
5	1-3	1-1	3-2	1-3	
6	2-4			3-4	

ているよ。テストの問題をつくることや、答案を採点することもあるね。それから、学校には運動会や旅行などいろいろな行事があるでしょ？そのための準備、全体のプログラムを考えたりもするなあ」
小田くん「空きコマといっても休み時間ではないんだ……」
白井さん「先生たちにとっては、授業の準備がとても大切なんですね。1時間ごとの授業の中身はどうやって考えていくんですか？」
中学校教師「まずね、**学校で教えることの大枠は、国が示した『学習指導要領』にまとめられている**んだ。中学1年生の数学ではここまで教えよう、2年生にはここまで教えようって。その内容を学年ごとにきちんと教えられるように、年間や単元の指導計画を立てて、その計画に沿って、1時間の授業でどこまで教えるかを考える、という感じだね」
白井さん「うわあ、すごく計画的なんですね。もっと自分の好きなようにあれこれ教えているのかと思っていたけど」
中学校教師「教員一人ひとりが気の向くままに教えたら、進級や進学の時に、ある子は図形を学習ずみなのに、ある子は習っていなくて戸惑ったりと、学んだことがバラバラになって、結局、生徒を困らせてしまうからね。**教員が計画的に教えることは大事**だと思うよ。もちろん、そのなかで自分なりに教え方の工夫はしていくわけだけど」

学習指導要領の重み

　学習指導要領は、国の機関である文部科学省が示したものだ。小学校、中学校、高校、特別支援学校それぞれの学習指導要領があって、その学校を卒業するまでに、どの教科をどの範囲まで、どんなねらいで教えるべきか、ということがまとめられている。学校の教育は基本的に、この学習指導要領に沿って行われる。

　教師からすれば、国語でも数学でも、限られた授業時間のなかで、教えないといけない範囲が決められている、ということ。楽しい授業にしようと工夫をするのはいいけれど、一つの分野に時間をかけすぎてほかの分野を教えられなかったらプロとして失格。テレビの学園ドラマのように気の向くままに授業をするのはなかなか難しく、きちんと計画を立てて授業をすることがやはり大切なのだ。

先生は表現力も問われる？

小田くん「あの〜、中学校の先生はそうして準備したものを、1組でやって2組でもやって、と、いくつかのクラスでくり返すんですよね。同じような授業を何度もやるのって、どんな気持ちなんですか？」

中学校教師「鋭い質問！　そう、僕らは受けもつクラス全部に同じよう

なことを教えていくんだ。クラスごとの色があるのでまったく同じ授業にはならないけどね。学習のポイントはどのクラスでも強調するし、先生のなかには、ある単元で必ず使う定番のギャグをもつ人もいるし」

小田くん「このクラスでギャグを言ってすべったのに、あっちのクラスでもまた同じことを言ってすべる、なんていう先生、いそうだなあ」

中学校教師「あるクラスでは受けなくても、ほかのクラスでは大受けすることもあるから、そこはめげずに挑戦だよ！　ただ、同じような授業を何クラスかでやると、強調やユーモアにしても、しだいに慣れが出てきて、感情がこもらなくなりがち。だから、何度か話したことのある分野でも、毎回、**はじめて教えるようなつもりで授業をしているよ**。『演じる』ではないけれど、気持ちを込めるといえばいいかな」

白井さん「そうかあ、先生たちの仕事って、表現力も必要なんだ」

副校長「先生、忙しいところをありがとう。では、職員室を出ようか」

廊下で活躍している人を発見！

白井さん「授業中で誰もいない廊下を歩いていると、なんか少しウキウキするかも……って、あれ？　あそこで誰か、何かしている？」

授業は、はじめて教える気持ちで
ここが大事だよ！
いつでもフレッシュ！

副校長「用務主事さんだね。ちょうどよかった。お仕事中のようだけど、話を聞いてみようよ」

小田くん「こんにちは。今、何をしているんですか？」

用務主事「教室の扉の手入れをしているんだよ。扉を外して、下の部分にある戸車の位置を調整したりゴミを取り除いたり。君たちも、重たくて開けづらい扉に覚えはないかな？　放っておくと開かなくなるから、一つひとつ点検しては、直すようにしているんだ」

白井さん「私たちが授業を受けているあいだに、用務主事さんはそういうことをしてくれているんですね」

用務主事「ほかにも廊下のモップがけや、切れかけた蛍光灯の交換、壁や窓ガラスの汚れを落とすことなど、**学校が安全できれいであるように、あちこちを見回って清掃や修理をするのが、主な仕事**だね」

小田くん「学校って、結構広いですよね。それをぜーんぶ、用務主事さんだけで見回るのはたいへんじゃないですか？」

用務主事「仕事をしていると、どこに注意して見回ればいいか、コツがつかめてくるから。それに、まわりの人が教えてくれることも多いんだよ。保健室の先生が、安全面や衛生面から直してほしいところを教えてくれたり、先生や子どもたちが『あそこが壊れている』と伝えてくれたり」

小田くん「そうか、先生や生徒から頼まれて直すこともあるんだ」
用務主事「自分で直せそうにない時は、学校事務職員や校長先生と相談して、業者に修理をお願いすることもあるね。さてと、扉の手入れはこれでおしまい。外の見回りに行くけれど、いっしょに来るかい?」

校庭で目を光らせているのは?

小田くん「うわっ、今日の外は暑いな……。用務主事さんは、外ではどんなことをするんですか?」
用務主事「校門や玄関の清掃、校庭の遊具やフェンスの点検・修理。春や夏には草取りや植木の手入れ、秋や冬には落ち葉の清掃だね」
小田くん「すごく暑い日や寒い日って、さぼりたくなりません?」
用務主事「そうだねえ(笑)。でも、学校には毎日、生徒から保護者や地域の方まで大勢の人が来るからね。**みんなが心地よくいられるよう、校舎から校庭までよくしておくことは、大事なこと**だと思っているよ」
副校長「ちょっといいかな? 校庭で活躍する人をもう一人つかまえたから、合わせて話を聞いてもらえるかな。中学校の体育の先生だ」
白井さん「先生も校庭を見回ったりするんですか?」

> ### コラム　学校の安全にかかわる人たち
>
> 　学校の安全面は、多くの教職員の活動によって保たれるものだ。
> 　まずあげられるのが用務主事。毎日、校舎や校庭を見回り、裂けた壁紙や壊れた遊具など危険なところがあれば修理・修繕に当たっている。
> 　養護教諭、いわゆる保健室の先生も重要な存在だ。水道の水の品質チェックをはじめ、学校に不衛生なところがないか、日々確認しているからだ。
> 　栄養士や調理員は、給食で食中毒などを起こさないよう、調理の現場を管理する要の存在。学校警備員や地域ボランティアは、校内の見回りや登下校の見守りを通して、子どもたちが事件や事故に巻き込まれるのを防いでいる。
> 　そして教員もまた、授業中に子どもをしっかりと見守るのはもちろん、体育や理科などで使う器具は定期的に点検し、安全に授業を行えるように努めている。

中学校教師「小石や空き缶など、ケガにつながるものが校庭に落ちていないかはいつも確認しているね。それと、ハードルとかの体育用具は、安全に使えるよう、**教員同士で定期的に点検をしているよ**」

白井さん「今まであまり考えたことがなかったけど……。生徒がいつも通りに学校で過ごせるように、用務主事さんや先生たちが、見えないところでいろいろと環境を整えてくれているんですね」

安全かどうか定期的に点検

Chapter 2　授業中の学校をのぞいてみよう

働いている人に Interview! ① 小学校教師

クラスの子どもたちに全教科を教え、
学校行事や給食などを通して、
児童の心や体の成長を見守る。

平川智子さん
(ひらかわともこ)

大学の教育学部を卒業後、小学校の先生に。得意科目は音楽。朝の会でオルガンを弾きながら子どもたちと歌うのが好き。クラブ活動は料理クラブを担当。子どもたちとパフェづくりなどに挑戦！

Interview!

> ### 小学校教師ってどんな仕事？
>
> 向き合うのは6歳から10代前半の子どもたち。担任となったクラスの子どもたちに対して、国語や算数、体育、図工など、基本的には一人で全教科を教える。また、クラブ活動や委員会活動から、給食、休み時間、帰りの会まで、子どもたちが学校にいるあいだはそばにいて、一人ひとりの成長を見守るのが仕事だ。

授業をするには準備が必要

　学校の先生というと、授業をしているだけのイメージがないですか？ 私は昔、そんなふうに思っていました。でも実際、なってみたら、先生には授業の時間以外にもやることがいっぱいありました。

　具体的に何をするかというと、まず一つが授業の「準備」です。

　私は今、2年2組を担任していますが、小学校の先生はクラスの子に全教科を教えるので、それぞれの教科の準備をしないといけません。

　たとえば算数の授業で「長さ」について教えるとしましょう。その時は、いきなり定規で長さを測るよりも、まずは「この長さはブロック3個分だね」などと示したほうが、わかりやすいですよね。だから、放課後にブロックや特大の定規を手づくりしました。そうすると子どもたちの理解がぐっと深まるんです。図工の授業で貼り絵などをする時は、前もって同学年の先生たちと作品をつくります。「ここが難しいね」「このやり方はどう説明しようか」と、授業のポイントを押さえるためです。

　特に1、2年生は、まだ幼くて言葉が通じない場合もあり、私たちがきちんと指示を出してあげないと、子どもたちは動けないんですよ。「紙の右はしに名前を書いて」と話すだけではダメで、私が実際にやってみせて「ここにこう書いて」と示すとか。子どもたちにとってわかりづらいことを、いかにわかりやすく伝えるか、というのが難しいです。

　授業の力や指導力を高められるよう、月に3〜4回は、放課後に校内や市内で行われる教員向けの研修にも参加しています。

放課後には、子どもたちの宿題や提出物の確認もします。漢字や計算のドリルを添削したり、テストの答案を採点したりします。そのほかに、先生同士の打ち合わせも欠かせません。同学年の先生とは、授業の進め方や子どもたちのようすについて毎日話し合いますし、他の学年の先生とも、クラブや委員会、学校行事について打ち合わせをします。

そのほかに「校務分掌」といって、私たち先生同士で役割分担して、学校を運営するための仕事もしています。職員や生徒の名簿・連絡網をつくったり、各教室の机や椅子の傷みぐあいを調べたり、チャイムを鳴らす時間を設定したりします。職員みんなで学校を支えているんです。

とにかくやることはたくさんあるので、子どもたちが帰ったあとに、先生としての「第二部の仕事」が始まる感じですね。

休み時間はそんなに休めない!?

休み時間や給食の時間も、担任にとっては休憩ではありません。

授業の合間の5分休みでは、教室でつぎの授業の用意をしながらクラスの子とお話をしますし、2～3時間目のあいだの20分休みも、子ど

授業中は真剣に生徒と向かい合います

もたちと外でいっしょに遊んだり、子どもたちのようすを見たりします。

　給食の時間は、子どもたちが準備から後片付けまでをすみやかに行えるようにします。全員が手を洗って、テーブルクロスを机に敷いて、給食当番がごはんやおかずをお皿によそう。2年2組では、12時35分に「いただきます」をすることを目標にしていますが、4月はまったく間に合いませんでした。そこでクラスでどうしたらよいか話し合い、班ごとに週替わりで給食リーダーを任せ、その班を中心に準備をしてもらうことにしました。ふだんはおどけている子も、リーダーになると「がんばらなきゃ！」って真剣になるんです

小学校教師のある1日

7時45分	出勤。教室の窓を開け、登校してくる子どもたちを迎える。
8時20分	職員室で職員朝会。子どもたちは教室で朝学習をさせて、朝の会から先生も参加。
8時45分	1時間目開始。授業は45分で合間に5分休憩。休憩中も先生は教室で子どもと接する。
10時20分	20分の中休み。子どもたちを見守るのが基本。
12時20分	給食。準備をして35分に「いただきます」。
13時	昼休み。
13時20分	掃除。子どもたちを指導。
13時40分	5時間目開始。
14時25分	帰りの会をした後で、子どもたちの下校を見送る。
15時	教室や職員室で、子どもたちの提出物の確認や先生同士の打ち合わせ、事務作業など。
19時	帰宅。

「先生！　わかんない」「え〜と、これはね……」

よ。5月や6月になってから目標時間を達成できる日も出てきて、その時はみんなで、牛乳で「乾杯！」をしています。

子どものよいところを見てあげたい

　授業中を含めていつも思うのは、一人ひとりをしっかりと見てあげられるようになりたい、ということです。ぐあいの悪い子や、落ち込んでいる子がいれば、見逃さずに気づいてあげたい。苦手だった計算ができたとか、配り物を手伝ってくれたとか、子どもたちのよいところは、一つでも多く見つけて褒めてあげたい。大人でもそうですが、人って、褒められるとよりがんばろう、という気持ちになれると思うんです。

　すれ違った時に「がんばったね！」とこっそり伝えることもあれば、みんなの前で「ありがとう」と言うこともあります。低学年のクラスの場合、みんなの前で一人の子のよいところを褒めると、ほかの子も褒められたくて同じことをしたがったり、ワッと寄ってきたりして、ちょっと困ることもあります（笑）。そこがまたかわいらしいんですけどね。

　逆に高学年になると、自分の気持ちを表情やしぐさには素直に出さな

同僚の先生たちとの話し合いは欠かせません

い子が増えてきます。勉強にしろ、人前で話すことにしろ、本人にとって苦手なことはもう染みついていて、「どうせ自分はダメだ」と考えてしまう子もいるんです。そこを「そうじゃないよ、できるんだよ」と伝えて、自信をつけてもらうことが大事だと私は思っています。

　以前に、5年生から6年生にかけて受けもったクラスにも、勉強が苦手で、大人に対して心を閉ざしていた男の子がいました。その子は最初、目を三角にしてクラスのすみっこでようすをうかがっていました。とにかく自分に自信がもてなくて、人と心を通わせようとしなかったんです。

　でも、苦手だった計算ドリルに取り組めたり、みんなのために自分ができることを考えたりと、少しずつ変わっていって、卒業する時の文集にはこう書いてくれたんです。「先生に、あなたはやればできると言われて、がんばってみた。そうしたら少しできるようになった。あの一言で自分は変わりました。あきらめないでよかった」と。

　感動しました。本当に。
「このクラスでよかった」とか、「こんなことができるようになってよかった」とか、そのように感じてくれる子が一人でも多くなってほしいので、もっともっと子どもたちの心に寄り添える先生になりたいです。

小学校教師になるには

どんな学校に行けばいいの？

　高校卒業後、小学校教員を養成するコースのある短大・大学に進もう。そこで定められた科目の単位を取ると「教員免許状」を取得でき、先生を務めてよい、という資格を手にしたことになる。大学によっては、小学校教員免許状と中学校・高校教員免許状の両方を取れる養成コースを設けているところもある。

どんなところで働くの？

　一つは公立の小学校。教員免許状をもつ人が、都道府県ごとに行われる教員採用候補者選考試験に合格し、そのうえで市区町村の教育委員会・学校から採用されると働くことができる。3～8年ごとに地域内の学校を異動する。

　もう一つは私立の小学校。各校の採用選考を突破した、免許状をもつ人が働く。

Chapter 2 授業中の学校をのぞいてみよう

働いている人に Interview! ②

中学校教師

専門の1教科を授業で教え、
部活動や学校行事などを通して、
思春期の生徒たちの成長を支える。

吉川浩司さん
（よしかわひろし）

大学の文学部を卒業後、中学校の国語の先生に。現在の中学校は先生として4校目。小学校と中学校の連携（れんけい）について考える研究主任と第3学年主任を務めている。バドミントン部顧問（こもん）。

Interview!

中学校教師ってどんな仕事？

　10代前半から10代半ばの生徒に、国語なら国語の先生として、体育なら体育の先生として、自分が専門とする1教科を教える。また、部活動や生徒会活動、文化祭や運動会など、生徒たちのさまざまな学校での活動も見守り、人間関係を築くことや、集団のなかで守るべき規律などを学ばせていく。

生徒の部活動や進路の面も支える

　中学生のころ、私は数学が苦手だったのですが、その私に対してイジワルのように、課題を毎日出す先生がいたんです。最初はイヤでしたが、しぶしぶ課題を続けたら、そのおかげで数学がわかるようになってきて。継続することの大切さを学びました。その時に感じたんです。「学校の先生って、生徒の人生に大きな影響を与えることもあるんだ」と。そして、自分もその学校教育の一端を担えたら、と思ったのが、先生をめざしたきっかけです。

　今は中学校で、担任として3年C組を受けもち、国語の教科担当として1、3学年の計6クラスに授業をしています。中学校の先生が授業で教えるのは1教科のみ。全教科を教える小学校の先生は大変だろうなと思います。ただ、中学校の先生は、複数のクラスを教えるので、それぞれのクラスに合わせて、授業の進め方を考えないといけません。

　それと、授業以外での生徒とのかかわりもかなりあるんです。

　まず部活動。私はバドミントン部の顧問なので、練習や大会の時は、放課後や休日も部員の子たちとかかわります。行事の準備や生徒会活動で、子どもたちが放課後に残る時も、そばで見守ります。夕方5時や6時まで生徒といっしょにいることもよくあるので、授業の準備や提出物のチェックなどは、当然、その後の夜に集中してやることが多くなります。

　生徒への進路指導も、時間をかけて行います。高校進学については、各高校から説明会や体験入学などさまざまな情報が届くので、それらを

すばやくまとめて生徒たちに伝え、相談にのります。進学のその先の進路──社会に出て働くところまでを考えさせる「キャリア教育」にも取り組んでいますが、そのさいに生徒たちと接していただく地元の社会人や事業所の方々と連絡を取り合うのも、私たちの仕事です。

よりわかりやすい授業をめざして

ふだんの授業で意識しているのは、教科のエキスパートになると同時に、その教科をよく知らなかった時の気持ちも忘れないことです。

先生として、教えることをよくわかっていないのは無責任。だから教科書の内容はよく読み込みます。ただ、一方で理解を深めた自分の感覚のまま授業を進めると、ゼロから学んでいく子どもたちは、そのペースについてこられずパニックになります。ですので、自分を何も知らなかった時の気持ちにいったん戻して、ゼロから少しずつ「わかった」という感覚を積み上げられるような授業をめざします。

たとえば文法を教えるなら、私の場合、まずは自分が間違った文法で話します。「昨日は眠かったので、勉強をやらなければ」などと。する

授業中でも笑い声が飛び交います

Interview!

と生徒から「『なければ』は変でしょう」との声。「『なかった』なら意味が通じる」とほかの生徒がつけ加える。そうしたやり取りを通して、まずは、みんながふだん、言葉の使い分けを自然にしていることを感じてもらいます。そのうえで、言葉の使い分けを「文法」として整理してみよう、ともっていくと、生徒たちはあまり苦手意識をもちません。

さっきまでつまらなそうな顔をしていた子や、困ったような顔をしていた子が、「あっ、そうか」とつぶやいたり、パッと明るい表情になったりした時。それが授業をしていて、いちばんうれしい瞬間ですね。

▶ 中学校教師のある1日 ◀

7時50分	自分の受けもつ教室を見回る。
8時10分	職員室で打ち合わせ。
8時20分	ホームルーム。生徒の出欠の確認、連絡事項、朝読書。
8時45分	1時間目開始。C組の生徒に国語の授業を行う。
9時40分	2時間目開始。A組の生徒に国語の授業を行う。
10時50分	教えるクラスのない空き時間。授業の準備など。
12時35分	給食。生徒といっしょに。
13時05分	昼休み。教室で提出物の確認などをしながら生徒と雑談。
15時20分	6時間目終了後、生徒の掃除を手伝い、ホームルームへ。
16時	放課後、バドミントン部の練習を見守る。
17時30分	職員室で授業の準備や、打ち合わせなどの事務作業。終了後帰宅。

「ここまでわかったかな？」

生徒が活躍できる場を増やしたい

　子どもたちの生活全般を見守ることも大事です。生徒同士のケンカがあれば収めて事情を聞いたり、授業を妨げるように騒ぐ子がいればいさめたり。いわゆる「生活指導」ですが、そのさいに私が心がけているのは、第一に、よいことと悪いことをきちんと教えることです。集団の中で守るべき規律など。それが子どもたちになかなか通じなくても。

　実際、以前に荒れぎみの学校にいた時には、受けもった生徒たちに最後まで手を焼かされたこともありました。卒業式の日も、校門を出てから私たちの前でわざとタバコを吸おうとして、追いかけっこになって。

　ところが、彼らが19歳ぐらいになって街中でばったり出会ったら、向こうから声をかけてくれたんです。「先生たち、大変だったよね。俺たちひどかったね」と。できればもっと前にそう思ってほしかったですが（笑）、でもそうやって、大人になるなかで気づいてもいいじゃないか、と思いました。成長した彼らの姿がうれしかったです。

　子どもたちはいずれ大人になります。その大人になった彼らにとって大切なことを、今、伝えることができているのか。教員が生活指導に対

若い先生には授業のアドバイスもします

して逃げ腰でいたら、大人としての手本は示せないと思うんです。

　もっとも、生活指導とは、生徒の問題行動を正すことだけを言うのではありません。若いころに私はそう勘違いしていて、先輩から諭されました。「生徒が問題を起こさずに大人しくなれば、それでいいの？」と。そうじゃない。「生徒一人ひとりが活躍できる場をどんどんつくってあげないと」って。たとえば運動会や合唱コンクール、生徒会活動や部活動、クラスの係や班の活動。そうしたさまざまな活動を通して、子どもたちがより生き生きと毎日を過ごせるように働きかけることも「生活指導」の一つであり、私たちの役目なんです。

　やりがいを感じるのは、生徒たちが学校でふだんから笑顔でいるのを目にした時。それは時に、彼らの成績を上げる以上にうれしいです。

　もちろん、勉強もがんばってほしい。学ぶという姿勢を身につければ、この先も多くのことを吸収して成長していけますから。まずは友だちと会うことでも部活動でもいいので、学校を楽しいと感じてほしい。そのうえで学ぶことにも「喜び」を感じられる人になってほしい。そのために教員として何ができるかを、これからも考えていきたいです。

中学校教師になるには

どんな学校に行けばいいの？

　高校卒業後、中学校・高校の教員を養成するコースを設けている短大・大学に進もう。定められた科目の単位を取ると「教員免許状」を取得でき、「中学校や高校で先生をする資格がある」という証しを得たことになる。大学によっては、同時に小学校教員免許状を取れるコースを設けているところもある。

どんなところで働くの？

　一つは公立の中学校。教員免許状をもつ人が、都道府県ごとに行われる教員採用候補者選考試験に合格し、市区町村の教育委員会・中学校からも採用されると働くことができる。3〜10年ごとに地域内の学校を異動するのが一般的。

　もう一つは私立の中学校。各校の採用選考を突破した、免許状をもつ人が働く。

働いている人に Interview! ③

用務主事

学校を安全できれいにするために、
毎日、校庭や校舎を見回っては
清掃や修理・修繕に当たる。

板橋 正次さん
（いたばし しょうじ）

運送業を経て、25歳の時に公務員採用試験（現業職）を受けて用務主事に。機械をいじったり、ものをつくったり、修理したりするのは、昔から好きだったそうだ。高いところが少し苦手！

Interview!

用務主事ってどんな仕事？

校庭や校舎を見回ったうえで、玄関や床の清掃、設備の修理・修繕、植木の手入れなどをして、子どもたちにとってよりよい学校環境を整える。学校行事で使う大道具・小道具の製作を頼まれることも。用務主事が複数いるところでは、来客があった時のお茶出し、役所への文書届けなども担うことが多い。

工具を使いこなして学校の環境を整える

　小学校のまわりを囲むフェンスの裂け目を直したり、校内の蛍光灯を換えたりしていると、たいてい、低学年の子どもたちがやってきて「何しているの？」と聞いてきます。「修理しているんだよ」「交換しているんだよ」などと答えると、「すごいね」と感心してくれる子どももいます。

　ところがこれが、植木の刈り込みや草取りをしている時だと、子どもたちから「かわいそう！」と非難されてしまうんです（笑）。今の子たちは、緑を大切にしようと教わっていますから。そんな時、僕はいつも「君たちも髪を切るだろう？　草木も伸び放題にすると、汚くなったり虫がついたりしてたいへんなんだよ」と説明しています。

　用務主事の主な仕事は、学校施設の清掃や修理・修繕です。毎日、校庭や校舎をぐるっと見回っては、植木やフェンスの手直しや、玄関や廊下の掃き掃除をしています。トイレが詰まったと聞けば、すぐ直しに行きますし、開け閉めしづらくなった扉があれば、その修理もします。

　仕事のなかでいちばん意識しているのは「学校を安全にすること」。枝葉が突き出た危ない木はないか、壊れかけている遊具はないか、校内に釘が飛び出ているようなところはないか、壁紙がはがれそうなところはないか。子どもたちが安全に過ごせるように学校を見回るわけであり、何か問題があれば、工具などを使ってすぐ対処します。

　二番目に心がけているのが「学校の景観をよくすること」。校庭の植木から校舎の玄関や廊下まで、全体をきれいにしようと思っています。

そうした安全や景観のための仕事のほかにも、先生から頼まれて運動会や学芸会用の小道具をつくったり、子どもから相談を受けて屋根の上のボールを取ってあげたりと、用務主事としてやれることはいろいろあります。強いて言うなら、僕たちは、工具や用具を使ってできることは率先して行う「何でも屋さん」ですね。「自分の専門はここだからほかのことはやりません」では、この仕事は務まらないと思います。

その季節やその行事ならではの仕事もある

用務主事としてやることは、季節によっても少し変わります。

春の芽吹く時期や、初夏の青葉が茂るころは、草木もよく育つので、植木の刈り込みや草取りに追われます。校内の植木は、ケヤキやイチョウ、サクラやスギ、ツツジやサツキなど、高木から低木まで100本以上は優にあるので、全部を手入れするには時間がかかるのです。

夏休みには、子どもたちがいないからできること——校舎の廊下すべてにワックスがけをします。合わせて壁の修理などもします。

秋から冬にかけては、枯れ葉がたくさん舞い落ちるので、子どもたち

植木の剪定は手馴れたものです

にも手伝ってもらって、落ち葉を掃いて集めては処分します。

　真冬には、草木の処理が一段落するので、校庭のまわりにある排水用の溝を清掃します。溝にたまった砂や葉っぱを取り除き、詰まらずに水が流れるようにするのです。

　あとは、行事のたびに先生方から頼まれたものをつくることですね。入学式や卒業式で使うひな壇をつくることもあれば、運動会で使う看板をつくることもあります。

　ある年の学芸会では、出し物の劇で使う、リンゴの木をつくってもらえないかと子どもたちから頼まれました。話を聞くと、木になっているリンゴの実がいっせいに落ちるシー

用務主事のある1日	
8時15分	出勤。職員室で朝会。
8時30分	用務主事室で、同僚の女性と打ち合わせ。
8時45分	校庭に出て、植木や遊具、フェンスなどを確認（女性は校内のチェックを担当）。
9時15分	玄関の掃き掃除、植木の刈り込み、壊れている箇所の修理など、やるべきことを決めて作業へ（途中で休憩も取る）。
12時30分	給食。ただし子どもや先生から水道が詰まったなど知らせがあれば、すぐに対応。
13時30分	午後の作業。掃き掃除や植木の刈り込みなど。
16時	片付け。切った枝葉を束ねてゴミ置き場に運び、刈り込みバサミを拭いたり、ベンチを工具入れにしまったりする。
17時	帰宅。

剪定後の掃除も欠かせません

ンがあるのだとか。そこで、ベニヤ板でリンゴの木をつくり、リンゴの実は取り外しできるようにして一つひとつに透明のテグス糸をつなげて、その糸を裏側から子どもがあやつれるしかけをつくりました。子どもが糸を放せばストーンとリンゴの実が一気に落ちるわけです。

　子どもたちが「すごい、すごい！」と喜んでくれたのがうれしかったですね。もともと僕は、ものをつくるのが好きなんですよ。

子どもたちが過ごしやすい学校環境をめざして

　逆に、はじめは嫌いだったのが、植木の刈り込みや草取り（笑）。

　用務主事の研修を受けたり、全体の手入れのさいに来てもらう植木屋さんに教わったりして、基本の技術は身につけたのですが、外は暑いし、手は汚れるし、若いころは好きになれませんでした。

　でも、おもしろいもので、年が経つにつれ、四季折々の自然の変化に心惹かれるようになったんです。春先に新芽が出て、新緑のころに葉が青々と茂り、真夏に青葉がさらに色濃くなる。うわあ、すごいな、と。そうして景観というものに興味をもってからは、公園などを歩いていて

ドアの修理なども手がけます

も「草木をこう植えて、このように手入れするときれいなんだ」「飛び石や囲いはこう使えばいいんだな」といったところに目がいくようになりました。景観プラス安全面も含めて、どんな敷地や施設がいいのか、ですね。用務主事は、校長先生や管理職と相談したうえで、校庭に新たに木を植えたり、校舎の設備を見直したりもしています。

　学校環境を整える仕事については、用務主事としてどこまでやればいい、という決まりは特にありません。極端な話、最小限の仕事ですませることもできなくはないです。ただ、学校というのは、保護者から地域の方まで、日々、いろいろな人が訪れます。そのさいに草木が伸び放題で荒れていたり、校舎が汚かったり、ましてや危険なところがあったら、それだけで学校の印象は悪くなりますよね。子どもたちだって、そんな学校では楽しめないはずと私は思うんですよ。

　だから、用務主事は、子どもたちや訪れた人たちの「学校に対する感覚」というのを考えていくことが大事だと思っています。「子どもたちや訪ねてきた人は、この場所をどう感じているかな」「嫌なところや不安に感じるところはないかな」。そのような視点を忘れないようにして、この学校を安全できれいな場所として、保っていきたいです。

用務主事になるには

どんな学校に行けばいいの？

　資格などは特に必要ないので、図工や技術に親しんでおこう。用務主事は、市区町村の職員（小中学校）か都道府県の職員（高校）になるので、高校や大学を卒業後に地方自治体の採用試験を受けよう。臨時でない正規職員については、用務主事ではなく「現業職」「技能職」としての募集であることが多い。

どんなところで働くの？

　学校の校庭や校舎を見回りながら、清掃や修理・修繕にあたるのが基本。学校の書類を届けに役所へ行くこともある。なお、「現業職」「技能職」として採用されて用務主事になった場合、その後の異動によって、給食調理員など、自治体のほかの現場の仕事を担うこともある。

ほかにもこんな仕事があるよ！

特別支援学校教諭

どんな仕事？
　特別支援学校は、障害が比較的重い子どものために、専門性の高い教育を行う学校。幼稚部・小学部・中学部・高等部があり、目や耳や肢体に障害のある子や、知的障害や言語障害のある子が通う。特別支援学校教諭は、そうした学校（または小中学校の特別支援学級）で、教科の学習のほか、障害のある子たちが自立するための知識や技能の学習、就学や進学のサポートにたずさわる。

この仕事に就くためには？
　特別支援学校教諭として自立支援に深くかかわりたいなら、大学や短大で教員免許状（幼・小・中・高いずれか）を取るための勉強をして、さらに「特別支援学校の教員免許状」を取るための勉強もしよう。ふつうの教師になる以上の勉強が必要だ。なお、特別支援学校には、特別支援学校教諭しかいないのではなく、教科学習や生活指導を担う立場で、一般の教師も活躍している。

実習助手・実習教諭

どんな仕事？
　実習助手は、普通高校では、理科や家庭科などの実験・実習の時に教師をサポートする。また、農業高校や工業高校では、生徒の農作物の栽培の実習指導や、機械によるものづくりの実習指導に当たる。加えて、化学薬品の管理や、農場や機械の整備・管理も担当する。実習助手として経験を積んだ人のなかには、教育委員会の研修や選考を経て、実習教諭に昇格する人もいる。

この仕事に就くためには？
　都道府県立高校の実習助手は都道府県の教育委員会が、市町村立高校の実習助手は市町村の教育委員会が、それぞれに募集・採用選考を行っている（ただし、すべての地域で毎年選考があるわけではない）。受験資格は、高校を卒業していること。教員免許状は必要ない。高校卒業後にこの選考にチャレンジする人や、大学や短大で高校教育について学んでから受験する人がいる。

ほかにもこんな仕事があるよ！

臨時的任用教員（常勤講師）

どんな仕事？

学校の教師が産休や育児、ケガなどでしばらく休む時に、その穴を埋めるために、6カ月や1年間など、期間限定でその学校に勤める講師。勤務時間や仕事内容はふつうの教師と変わらず、クラスの担任も受けもてば、部活動の指導や校務分掌も担当。子どもたちからすれば、れっきとした先生だ。

この仕事に就くためには？

都道府県教育委員会や市区町村教育委員会が、常勤講師になりたい人の登録受付や募集を行っている（ほかに私立の学校も独自に行っている）。応募の資格は、教員免許状をもっていること。年齢制限が設けられていることもある。講師になるのは、たいていは、大学や短大を卒業して教員免許状は取ったものの、惜しくも教員採用試験には合格しなかった人。不安定な立場なので、常勤講師をしながら採用試験の勉強も続けて、正規の教師をめざすことが多い。

非常勤講師

どんな仕事？

音楽や理科など特定の教科の授業を、1週間のうちの定められた時間に学校で行う。基本は1年間など期間限定の勤務。研修や病気でいない教師の代わりとして、または複数の教師が協力して授業を行うチーム・ティーチングのサポート役として、授業を担っていく。時間給であり、毎日、学校に通うわけではないので、二つ以上の学校をかけもちする講師もいる。

この仕事に就くためには？

都道府県教育委員会や市区町村教育委員会、私立の学校が、それぞれに非常勤講師の登録受付・募集を行っている。応募の資格は、教員免許状をもっていること。年齢制限が設けられていることもある。非常勤講師もまた、教員免許状は取ったものの、惜しくも教員採用試験には合格しなかった人がなることが多い。その後、正規の教師になる人もいれば、講師として働き続ける人もいる。

ほかにもこんな仕事があるよ！

特別非常勤講師

どんな仕事？
ある分野において優れた知識や技能をもつ社会人が、特別講師として学校で授業を行う。これまでの事例をいくつかあげれば、英会話の講師や、スポーツインストラクター、和楽器の奏者、メーカーの技術者、情報通信会社のシステムエンジニア、新聞記者などが、各教科の授業や総合的な学習の授業を、教師と協力して行っている。

この仕事に就くためには？
教員免許状などは特に必要ない。まずは自分の選んだ仕事のフィールドで十分に経験を積んで、専門性を身につけよう。そのうえで、その専門性を活かして「学校教育にかかわりたい」と思ったなら、市区町村教育委員会や都道府県教育委員会に問い合わせてみよう。年間を通して授業に深くかかわってもらうような講師には、都道府県教育委員会が、特別免許状を授与することもある。

学校警備員

どんな仕事？
学校周辺や校内をパトロールし、不審者の学校への侵入の防止や、火災や盗難などの事故の防止に努める。また、実際にトラブルが起きた時は、その場の警備や防火に当たるなど、臨機応変に対応して、校長や関係官公署への通報も担っていく。学校によっては、このほかに学校の鍵開けや戸締まり、電話対応なども任されている。

この仕事に就くためには？
教育委員会や学校が警備員を募集していることもあるが、民間の警備会社や警察のOBなどに学校の警備をゆだねることが多い。学校警備員に興味がある人は、高校や大学を卒業してからの警備会社への就職を視野に入れてみよう。そのほか、学校周辺の住民がボランティアで、登下校時の通学路の見回りなどを引き受けていることもある。

Chapter 3

お昼の
学校を
のぞいてみよう

Chapter 3　お昼の学校をのぞいてみよう

お昼の学校を Check!

お昼ごはん、昼休みと続く時間帯は、
子どもたちにとって
学校生活のなかでも楽しい時間。
でも、そのなかで忙しく
働いている人たちもいる。
そんなお昼の学校を歩いてみよう。

給食室には、簡単に入れない！

　副校長「お昼が近づいてきたから、つぎは給食室を見にいこうか。君たちには、前から連れていくことを約束していたよね」
　小田くん「そうですね。まさかそのために……（小声で）検便までしなきゃいけないとは思わなかったけど」
副校長「だいぶ驚かせちゃったね（笑）。いつでもどうぞと給食室を案内できればよかったんだけど。でも、給食室はみんなのごはんをつくるところ。衛生上のチェックを受けた人以外は、中に入れないんだ」
　白井さん「あの、それはそれとして、給食室の扉にものすごく細かい手の洗い方を載せたポスターが貼ってあるんですけど」
副校長「そうそう、**給食室に入るには、手のひらから爪の先までていね**

いな手洗いが欠かせないんだ。まずはきちんと手を洗おうね。それから、はい、この帽子とマスクもして。それでは中に入ってみようか」

給食はどのようにつくられる?

白井さん「うわあ、大きなお鍋！ それをあんな大きな棒でかきまぜるんだ。こっちの大きなザルにはタマネギやもやしが山盛りだし！」

栄養士「どう？ 何百人もの給食をつくるところって、迫力あるでしょう？ はじめまして。私はこの学校の栄養士です。給食のメニューを考えるのが仕事です。その私が考えたメニューを、こうして調理員さんたちが一品一品つくってくれているのよ」

小田くん「栄養士さんは料理はしないんですね。なら、なぜ給食室に？」

栄養士「私はずっと給食室にいるわけじゃなくて、たいていの時間は、職員室でメニューを考えたりしているのよ。給食室には、調理の途中や仕上げの段階で、何か問題が起きていないか確認するために見にくるの。たとえばスープが蒸発して量が少なくなったなら、水や調味料をどの割合で加えればいいか、調理員さんとその時点で話し合ったり」

白井さん「栄養士さんが考えて、調理員さんがつくるのかあ。給食って、

Chapter 3　お昼の学校をのぞいてみよう

お昼の学校を イラストで見てみよう

栄養士さんと調理員さんの合作なんですね」
栄養士「ありがとう！　本当にそうで、おいしくて栄養もある給食をつくるには、私たちが息を合わせることがすごく大事なの」
小田くん「あれ？　あの調理員さん、お鍋のおかずになんか突き刺しているぞ……こんにちは、今、何をしているんですか？」

学校調理員「こんにちは。これはね、温度を測る機器で、**おかずを決められた温度まで加熱できたかを確かめているの**」
小田くん「いつもわざわざそこまでしているんですか」
学校調理員「みんなが食べる給食だからね。きちんと火が通ったかどうかは、目で確認するだけでなく、計器でも確認するのよ」

給食をめぐる校長先生の秘密

学校調理員「さあ、これでおかずは全部できあがり。栄養士さんに味見をしてもらって、それから、校長先生にまず給食を届けないとね」
白井さん「えっ!?　校長先生は、みんなより早く給食を届けてもらっているんですか？　さすが、偉い人は、立場が違うんですね」
副校長「おっと、白井さん、皮肉たっぷりの言い方だね（笑）。でもそ

給食をつくる時の衛生管理

　栄養士と学校調理員にとっては、おいしくて栄養があると同時に「安全・安心に食べられる給食」にすることが大きな使命。だから衛生面には徹底的に注意を払っている。
　食材については、朝、学校に届いた時点で、栄養士が傷んだ野菜やお肉がないかをチェック。給食室に入るさいは、調理員も栄養士も帽子とマスクを装備、手洗いは怠らない。さらに調理員は、調理の途中でも作業の変わり目に合わせて何度も手を洗うし、食材を手づかみする時は薄手の手袋までする。
　できあがれば、栄養士や調理員で味見。さらに、校長に給食を先に食べてもらって異常がないかをチェックしてもらう「検食」までする。この検食は、校長が留守の時は副校長や教頭が代わりを務めて、毎回必ず行っている。

れは誤解だよ。校長先生は偉いから給食を先に食べるんじゃないんだ」
栄養士「『検食』といってね。給食に異物が混じっていないか、味が変じゃないか、といった点をまず校長先生に確かめてもらっているの」
白井さん「あっ、そうなんですね、早とちりしてすみません。給食室の衛生面を厳しく管理したり、できた給食をきちんとチェックしたり、ここでも本当に、いろいろな人が安全に気を配ってくれているんですね」

副校長「それじゃあ、私たちも給食をいただこう。食べる場所だけど、養護の先生——保健室の先生といったほうがわかるかな、その先生に話をしてあるので、今日は保健室で、みんなでごはんを食べましょう！」

保健室にお医者さんはいないけど

養護教諭「こんにちは。お待ちしていましたよ！　さあ、どうぞ、中に入って。いっしょに給食を食べましょう」
小田くん「はじめまして。……あの、先生はいつもこうやって保健室で給食を食べているんですか？」
養護教諭「ふだんは職員室で、担任のクラスをもたない先生たちといっしょに食べているのよ。ただ、ぐあいが悪くて保健室で休んでいる子がいる時は、その子といっしょに保健室で給食を食べることもあります」
白井さん「先生って、人のぐあいを診たり、ケガの手当てをしたりしますけれど……お医者さんや看護師さんとは違うんですよね？」
養護教諭「私はお医者さんや看護師さんではないわね。**養護教諭になるための勉強をして、養護教諭の免許を取って、この仕事に就いたのよ**」
白井さん「病院にはお医者さんや看護師がたくさんいるのに、保健室に

養護教諭と他の専門家との連携

　養護教諭は、子どもたちの健康を守るための校内の活動を中心になって引っぱっていく存在。子どもたちの心身の状態について、日ごろから教員と情報交換するのはもちろん、健康面にかかわる分野で、さまざまな専門家とも力を合わせている。

　非常勤の職員である「学校医」「学校歯科医」「学校薬剤師」とは、健康診断や歯科検診、病気予防、薬のことなどで相談しあうパートナー。学校薬剤師とは、水道水の品質検査や、空気の汚れぐあいの検査などもいっしょに行う。

　同じく非常勤である「スクールカウンセラー」とは、悩みを抱えて元気をなくしている子どもへのサポートで協力。

　また、「栄養士」とは、食のアレルギーをもつ子どもへの対応などで連携する。

は先生一人。私だったら、一人で子どもたちの病気やケガに対応するのはちょっと心細いかなあ、なんて思ったんですけれど」

養護教諭「確かに『自分がしっかりしないと』って気は張るかなあ。でもね、私だけで何とかするわけじゃないの。学校医さんや学校薬剤師さんといってね、ふだんは医院や薬局に勤めていて、健康診断や検査の時に学校に来てくれる**非常勤の職員さんとも、日ごろから連絡は取って**

いる**のよ。病気予防の相談をしたり、お薬のことを教わったり」

保健室の先生のデスクワーク

小田くん「あそこの棚に並んでいる薬とか、絆創膏とか、湿布とかも、その薬剤師さんに相談したりして、先生がそろえているんですか？」
養護教諭「そうそう、どんな薬や絆創膏にするかを選んで、不足することがないように、学校事務職員さんを通して注文するの」
小田くん「そうか、保健室の先生って、ケガの手当てとか以外に、そういう仕事もやるんだ。ほかにもいろいろな仕事があるんですか？」
養護教諭「いっぱいあるよ〜。先生と相談して**全クラスの健康診断の予定を組んだり、診断結果の記録をまとめたり、『保健だより』を書いたり、役所に提出する報告書をつくったり**。保健室では机に向かっていることも多いの。もちろん、子どもが来ればその対応が最優先だけど」
白井さん「保健室にいちばん子どもが来るのは、どの時間帯ですか？」
養護教諭「それはね……おや、どうやら外では、子どもたちが給食を食べ終えて昼休みに入ったみたいね。実はこの昼休みや中休みが、いちばん来室が多いの。ぐあいが悪い子とか、遊んでいてケガをした子とか」

書類をつくる仕事も多い
健康診断の記録
保健だより
報告書
予算
などなど

副校長「では私たちは邪魔にならないように移動しないとね。二人とも本はよく読むほうかい？　そう、つぎに向かうのは図書館だよ」

大勢の生徒でにぎわう図書館で

小田くん「……すごいな。ここの図書館、昼休みはこんなに混むんだ」
副校長「うちの学校では、ほら、あそこで本の貸し出しをしている司書さんが、図書館をすごく盛り上げてくれているから。おっ、その司書さんがこちらに話をしに来てくれるようだよ！」
白井さん「本の貸し出しで忙しそうだったのに、すみません」
司書「大丈夫！　頼もしい図書委員の子にあとをお願いしてきたから。ふだんの昼休みも、私は貸し出し業務だけでなく、**生徒から本について尋ねられればいっしょに本棚へ探しに行ったりと、動き回っている**のよ。今は君たちとのお話を楽しませてもらうわね」
小田くん「図書館に生徒がたくさん来ていてびっくりしたんですけれど、そういう図書館にするコツって、何かあるんですか？」
司書「うーん……。私は、みんなにとって利用しやすい図書館にしたいので、くつろいで読める雑誌コーナーをつくったり、多くの子が興味を

もちそうなテーマの本を集めた特設コーナーをつくったり、という工夫はしているかな。それから、『図書館だより』を毎月出して、新しく入った本や、貸し出し回数の多い人気の本を、みんなにお知らせするとか」

図書館で調べものをしてみよう！

白井さん「図書館に生徒が来るのは昼休みや放課後ですよね。それ以外の授業中とかに司書さんは、今あげたような仕事をされるんですか？」
司書「そうね。あと大事な仕事は、**生徒たちに必要な本は何かをよく考えて、新しい本を購入して、きちんと分類して本棚に並べること**。君たちの学校にも、司書か図書館担当の先生がいるはずだから、読んでみたい本があったら、どんどんリクエストしてみるといいわよ。図書館の蔵書って、そういう利用者の思いで形づくられるものだから」
小田くん「でも僕はあんまり本とか手に取るタイプじゃないから」
司書「本に興味なし？　そうかなあ。ちなみにどんなことが好き？」
小田くん「サッカーとか野球とか。部活は水泳部なんですけど」
司書「ここの図書館ならスポーツの本もたくさんあるわよ。どうかな、そろそろ午後の授業だけど今日は図書館は空いているから、興味の分野

> **コラム** 学校図書館と司書の関係
>
> 　図書館を切り盛りする要の存在といえる司書だが、学校図書館（図書室）には、専属の司書が必ずいるとは限らない。教員のなかで司書や司書教諭の資格をもつものが、授業のかたわら図書館運営も兼ねることや、パートで採用された職員が、本の貸し出し・返却など、できる範囲の仕事を担っていることもあるからだ。
>
> 　ただし、最近では、さまざまな情報の宝庫といえる図書館をもっと学校教育に活用しよう、という動きが各地で見受けられる。たとえば、図書館で行う授業を増やしたり、地域の人びとに協力してもらって土日も学校図書館を利用できるようにしたり。しばらく学校図書館に足を踏み入れてなかった人は、一度のぞきにいってみよう。そこにはあなたが想像していた以上に、さまざまなジャンルの本がそろっていて、使い勝手のよい空間が広がっているかもしれない！

の本をいっしょに調べてみない？」
白井さん「私、映画が好きなんですけど、そういう本もあります？」
司書「もちろん！　映画の歴史について調べる？　それとも映画制作にかかわる職業を調べる？　**司書は調べもののお手伝いをするプロでもあ**るのよ。どうかな？　小田くんも少しやる気になってくれたみたいね。じゃあ、本を使って興味あることをどんどん調べてみましょうか！」

Chapter 3　お昼の学校をのぞいてみよう

働いている人に Interview! ④

栄養士

おいしくて栄養も十分な
学校給食のメニューを考え、
調理の現場も監督する。

飯塚あや子さん
（いいづか　あやこ）

短大の家政科を出て栄養士の資格を取得。民間会社勤務などを経て学校の栄養職員に。外の公園で食べる「お弁当給食」など、行事用の給食では、栄養士としての力を存分に発揮している。

Interview!

> ### ▶ 栄養士ってどんな仕事？ ◀
>
> 　学校の栄養士は、カロリーやたんぱく質などの栄養価を頭に入れて、給食のメニューを考える。そのうえで、調理スタッフにおいしく衛生的な給食をつくってもらうよう、現場の監督も務める。また、子どもたちに対しては、健康に暮らしていくための食についての指導、いわゆる「食育」も行う。

栄養価までしっかりと考えた献立を作成

　学校の給食室をのぞいたことはありますか？

　衛生上、部外者が勝手に入ることはできないのですが、大きなザルにタマネギやニンジンが山盛りになっていたり、調理員さんが巨大な釜に入ったシチューを、ボートを漕ぐようなヘラでかきまぜていたり、そのシチューをすくうのに2リットルは入る鍋を「お玉」代わりに使っていたりと、なかなか見応えのあるところだと思います。

　私のいる中学校の生徒数は約360人。教職員数は約40人です。

　その人数分、合わせて約400人分の給食を、毎日7人の調理員さんが給食室でつくってくれています。

　では栄養士の私は何をするのかというと、その給食のメニューを考え、毎月の献立を作成するのが主な仕事です。そのうえで、考えたメニューを、調理員さんたちが「おいしく」「衛生的に」「お昼の時間に間に合うように」つくってくれるように見守る立場です。

　1カ月分の献立をつくる時は、まず主食を決めます。お米は週に3～4回、パンは10日に1～2回、麺は月に1～3回。その主食に合わせて、中学生に必要な1食分の栄養価が取れるように、おかずの組み合わせも考えます。たとえば、カロリー830kcal、たんぱく質33ｇ、脂肪は摂取エネルギー全体の25～30％、などなどといったぐあいです。育ち盛りの中学生には十分なエネルギーが必要で、メニューは考えてみたものの、目標の栄養価に満たないこともしばしば。そんな時は、どんな食

材を使えば目標値に届くだろうか工夫をこらします。

ほかに気をつけているのは、3カ月間は同じ献立が重ならないようにすることです。季節の野菜を上手に使って、和食・洋食・中華とバラエティー豊かにしたり、煮る、焼く、蒸すなど調理方法で違いを出したり。

献立が固まったら、メニューの食材について、使用量や調理方法を書面にまとめて調理員さんに渡します。それをもとに、調理員さんに、給食室でどんな時間配分で、どう作業を進めるかを考えてもらうのです。

調理の現場では特に衛生面に注意

献立の作成は、職員室の自分の席で進めますが、その合間には、毎日必ず、給食室にも2度、3度と足を運びます。

まず朝方に、給食室で真っ先に確認するのが、食材の数や傷みぐあいです。注文した分量が届いているか、傷んだり異物が混じっている食材はないか。調理員のチーフとは、衛生管理のポイントも確認しあいます。ハンバーグなら「万一の食中毒を防ぐために肉の中まで85度以上で1分以上加熱しよう」などと。すでにおたがいによくわかっていることな

枝豆ごはん、ますの唐辛味噌焼き、炒り豆腐、豚汁、牛乳

のですが、間違いがないように、毎回、確認するのです。

10時半ごろにも、調理の進みぐあいを確かめに再び給食室に出向きます。何も問題ないことがほとんどですが、たとえば煮物の煮汁が蒸発して足りなくなった、ということがあれば、水と調味料をこれだけ足しましょう、などとその場で調理員さんといっしょに対応を考えます。

12時前には、給食室で最終的な味見をして、調理員さんたちがつくった料理を各クラス用の食缶に注ぎ分けるのも見守ります。

こうした仕事で、特に最初のころに難しいと感じたのは、調理員さんにこちらが望んでいるような料理を

栄養士のある1日

8時30分	学校に出勤。給食室に行き、届いている食材をチェック。調理員と調理の衛生面も確認。
9時	職員室で来月の献立を考える。発注の分量やお金の支払いに間違いがないかも確認。
10時30分	給食室に行き、調理の進行を確認。予定外のことや遅れがあれば調理員と話し合う。
11時	職員室で献立作成。
11時45分	給食室で、できた料理を味見。校長にも給食を運んで「検食」してもらう。
12時35分	給食。職員室で自分も食べる。
13時45分	給食室に行き、残菜の確認。
14時	職員室で事務作業、献立や給食だよりの作成、給食費の計算・管理など。
17時	帰宅。

調理員さんときちんと打ち合わせをします

つくってもらうことでした。調理方法は書面で調理員さんに伝えますが、自分でつくるわけではないので、たとえばシチューに入れたジャガイモが思っていた以上に煮崩れてしまったりと、どうしても感覚のズレがあったんです。もっとも、3年経った今では、調理員さんとの息もぴったり合っていますけれどね。

子どもたちの健康を「食」の面から支えたい

　学校の栄養士は、給食費の管理もしています。1年間に入る給食費を計算して、1日当たりどれくらいお金を使えるのかを考えて、予算をオーバーしないように、食材の出費をコントロールしていくんです。

　このお金の管理もかなり悩まされることで。おいしくて栄養価も十分あって、それでいて出費も抑えられるメニュー——というのがなかなか思い浮かばず、机の前で頭を抱えてしまったこともあります。野菜が値上がりした時には、お金が足りなくなったらどうしよう、と不安になって、夢でうなされたこともありました（笑）。

　ただ、それでも私は基本的にこの仕事が好きなんだな、と思います。

大きな鍋で大量に給食をつくっていきます

献立づくりに悩んでいる時でも、子どもたちにはやはり、おいしくて栄養のある給食を届けたい、という気持ちがすごく強いので。

ですので、うれしいのは、各クラスから給食を入れた食缶が空になって戻ってきた時です。「おいしく食べてくれたのかな」「苦手な子もがんばって食べてくれたのかな」「きちんと栄養を取ってくれたんだ」などと、いろいろな手ごたえすべてひっくるめて、よかったなあ、と。

もう一つ、うれしいのは、子どもたちの成長を感じられること。中学校に入学した時は小さかった子も、目に見えて体が大きくなっていきますから。運動会で力強く走るようになった姿などを見ると、健康というのは日々の積み重ねなのだと改めて実感し、だからこそ栄養のあるものを子どもたちに食べさせてあげたい、という思いが強まります。

現在の中学校では、年に数回、「食育推進給食」というのもやっていて、給食の時間に保健委員の生徒、教職員の協力のもと、私がクラスを回っては、どの食べ物にどんな栄養があり、体にどう役立つか、ということを生徒に伝えています。日本の学校制度には、食について指導する「栄養教諭」という資格もあるので、今後は、その資格の取得もめざして、子どもたちの食育により深くかかわれるようになりたいと思っています。

栄養士になるには

どんな学校に行けばいいの？

高校卒業後、栄養士養成コースのある大学・短大・専門学校に進もう。そこで勉強し、定められた科目の単位を取ると栄養士の資格が得られる。なお、「栄養教諭」になるには、栄養教諭免許を取れる大学に進むか、もしくは栄養士になって一定の経験を積んでから、定められた講習を受けることが必要になる。

どんなところで働くの？

小学校、中学校、高校、幼稚園などの教育施設のほか、病院、福祉施設（保育所や老人ホームなど）、保健所、給食会社、食品会社など、幅広い分野で活躍。職場によって仕事内容はかなり違ってくるが、主に献立づくりや、食についての相談や指導、あるいは食についての研究にたずさわっている。

働いている人に Interview! ⑤

養護教諭

学校の子どもたちに対して、
ケガや病気の応急手当てから、
保健指導や健康相談までを行う。

山下園実さん
やましたそのみ

養成専門学校を卒業後、養護教諭に。今の小学校では同僚の和栗さんと2人体制で奮闘中。高校時代にサッカー部のマネージャーを経験。そこで人を支えることのやりがいに目覚めたという。

Interview!

養護教諭ってどんな仕事？

子どもには「保健室の先生」としておなじみ。学校の保健室で、ケガをした子やぐあいが悪い子の応急手当てをし、体や心の悩みの相談にものる。また、学校にいるみんなが健康でいられるように、健康診断や予防接種を計画的に行ったり、ケガや病気を予防するための保健指導も行う。清潔な環境も整えていく。

ケガや病気に対して的確に対処する

　保健室にやってくる子のなかには、「せんせー、足が痛いです！」と元気よく入ってくる子もいれば、扉をそろそろと開けて「失礼します……」と申し訳なさそうに入ってきて、気分が悪いと訴える子もいます。ケガをした本人は泣いていて話せず、付き添いの友だちが「ひっくり返って頭を打ったの！」と状況を説明してくれることもありますね。

　養護教諭の仕事としてまずあげられるのは、こうした子どもたちのケガや病気の応急手当てをすることです。傷口を消毒して絆創膏を貼ったり、ぶつけた箇所の骨に異常がないか調べたり、ベッドに寝かせて熱をはかり、家で休ませたほうがよければ保護者に連絡を入れたりします。

　私のいる小学校の児童数は約750人。それだけの人数がいるので、保健室には毎日30〜40人の子どもがやってきます。いちばん混むのは中休みや昼休み。症状として多いのは、転んだりぶつけたりしてすり傷や打撲を負った子、風邪や熱のせいでぐあいが悪くなった子です。

　ときには大きなケガもあります。たとえば以前、跳び箱からジャンプしたさいにバランスを崩し、体ごと床にたたきつけられて腕を骨折した男の子がいました。折れた骨が大きくズレてしまうほどのケガ。この時は、すぐに救急車を呼び、まわりの子に手伝ってもらって彼を保健室に運び、そばに付き添って「大丈夫だよ」と声をかけながら、ほかの先生に救急車が来るまで門前に立ってもらったり、管理職への連絡をお願いしました。大きなケガの時は「自分は何をして、誰にどんな指示を出

Chapter 3 お昼の学校をのぞいてみよう

せばいいか」を考えて動くことに必死ですね。養護教諭がオロオロしていたら、ほかの先生や子どもたちまで動揺させてしまいますから。

ケガや病気を防ぐためにできることは？

　養護教諭といえば、ケガや病気の手当てをする人というイメージが強いかと思いますが、それだけでなく「保健指導」もするんですよ。子どもへの歯の磨き方の指導や、保健体育の授業のお手伝いなどです。

　ふだんの手当てでも、この「保健指導」という視点を大事にしています。どういうことかというと、こちらからいろいろと質問しては、子どもの話をよく聞くようにしているんです。ケガをした子なら「どこでケガしたの？」「なんで転んじゃったの？」などと尋ね、ぐあいが悪い子なら「朝ごはんは食べた？」「何時ごろに寝た？」などと聞いています。

　質問に答えてもらうのは、どんなケガや状態なのかを私が知るためでもありますが、それだけではありません。なぜケガをしたのか、体調がすぐれないのか、その原因を本人にも考えてほしいからです。「まわりに注意しよう」「よく寝ないとダメだ」と子どもが気づくようになれば、

「どこが痛いのかな？」

Interview!

ケガや病気を減らせますよね。
　学校を「衛生的な環境」にすることも養護教諭のやるべきことです。よりかみくだいていえば、学校全体を清潔にすることや、病気予防に取り組むことで「みんなの健康を守る環境」にすることです。
　私は毎朝、水質検査をしています。学校の水道の水が安全に飲める品質かを、専用の検査キットで調べるのです。午後には校内を歩いて、衛生上・安全上問題のところがないかを見回ります。水道の蛇口付近に雑巾がかけられていたら、不衛生なので、担任の先生から子どもに雑巾をきちんと片づけるように指導してもらいます。昇降口の泥落とし用マットが

養護教諭のある1日

7時50分	出勤。校舎ごとに水道の水の品質検査。
8時20分	職員室で職員朝会。
9時	学校全体の今日の欠席者数を集計し、管理職に報告。
9時30分	750人超の健康診断記録の作成を進める。体育や中休みの遊びでケガをした子や、体調の悪い子が保健室に来たら、そのつど最優先で対応。
12時20分	給食。
13時	子どもの昼休み。保健室に来る子が増えるので対応。
13時40分	保健室に来た子への対応のほか、健康診断記録や保健だよりの作成、校内見回りなど。
17時	保健室の来室者数を集計、保健日誌をまとめる。
18時	帰宅。

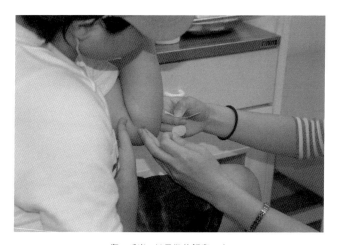

傷の手当ては日常茶飯事です

ずるずる動くと、泥をうまく落とせず、子どもがマットに足を取られて転んでしまう恐れもあるので、用務主事さんに直してもらいます。

学校医の先生と、日ごろから連絡を取り合うことも大事です。この地域で風邪やインフルエンザが流行りだしたと聞けば、担任の先生や、保健だよりを通して、子どもたちに注意をうながします。

ほかにも、健康診断の準備や記録、学校の欠席者数や保健室の来室者数の集計など、養護教諭としてやることはいろいろあるので、子どもが保健室にいない時を見はからって、そうした事務作業も進めます。

体だけでなく、心の健康も見守る

子どもたちの精神面、メンタル面を支援することも、養護教諭の仕事です。保健室には、単にぐあいが悪いのではなく、家庭や人間関係で悩んでいるために気分がすぐれず、話を聞いてもらいたくて訪れる子も少なくないからです。

そんな時、目の前にいる子どもの気持ちに寄り添って話を聞くことを心がけていますが、家庭の悩みなどに関しては、私たちが割って入れな

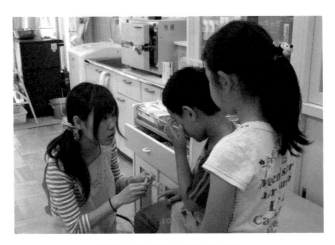

子どもの話にきちんと耳を傾けます

い問題もあり、本当に難しいと感じたこともありました。また、話を聞いてあげることはできても解決できずに悲しくなったことや、うまく力になれなくて「私は養護教諭に向いてないんじゃないか」と考えさせられたこともありました。

でも、落ち込むことはありますが、「養護教諭になってよかった」という気持ちは揺るがないです。なんというか……あったかくていい仕事なんですよ。痛そうにしていた子や悩んでいた子が、保健室を出る時には笑顔を見せてくれたり、ケガをした子のそばで友だちが心配そうに見守っていたり。そうした姿を見るたびに、私のほうが子どもたちから力をもらって「がんばらなきゃ!」という気になります。

子どもたちの成長を見られるのもうれしいですね。1年生の時はただ泣いていた子が、3年生になったら、どこが痛いのか自分からお話しできるようになったり。養護教諭として、私が子どもたちにいちばん身につけてほしいと思っているのも、まさにそうした「自分で自分の体や心を見つめて、健康を自己管理できる力」です。

健康は生活の基本になるもの。健康であれば、子どもたちはこの先も、自分の夢に向かって全力でがんばることができると思うんです。

養護教諭になるには

どんな学校に行けばいいの?

高校卒業後、養護教諭の免許を取得できる大学・短大・専門学校に進もう。養護教諭になるために学ぶことは、保健師や看護師になるために学ぶことと重なる部分もあり、これら複数の資格を取れる学校もある。養護教諭の免許を取ったあとは、都道府県の採用選考や、私立学校の採用選考の突破をめざそう。

どんなところで働くの?

小学校、中学校、高校を中心に、幼稚園でも活躍。ふだんいるのは保健室。校庭や体育館でケガをして動けない子がいれば駆けつけることも。養護教諭は学校に1人ということも多いため、いつでもケガや病気に対応できるよう、校外にはあまり出ない。ただし養護教諭同士の研修のために出張することもある。

Chapter 3　お昼の学校をのぞいてみよう

働いている人に Interview! ⑥
学校司書

生徒や先生の知りたいことを把握（はあく）。
本に精通し、図書館に必要なものを選び、
「人」と「本」を結びつける。

木下通子（きのしたみちこ）さん

大学で司書の資格を取り、自治体の司書（行政職）として採用される。ただいま学校司書歴25年。先生と組んで、図書館での授業も積極的に展開。司書同士の研究会でも活躍中（かつやくちゅう）！

Interview!

学校司書ってどんな仕事？

利用者（生徒や先生）が知りたいことを把握し、求める資料を集めて利用しやすいように整理し、情報を提供。レファレンスサービス（本探しの依頼や調べたいことに対する相談）など、公共図書館と同じサービスを行いながら、授業や学校行事などと連携し、図書館が活用されるように努める。

利用しやすいように本を整理する

　私のいる高校の図書館の蔵書数は、約4万冊。生徒数は1000人超、年間の貸し出し冊数は7000〜8000冊です。私のいちばん大切な仕事は、その図書館に入れる資料を選書・構成し、それらの本をより多くの生徒・先生に活用してもらうようにすることです。

　年間に1500冊近く新しい本を購入しますが、その半分以上が生徒や先生方からリクエストされた本。リクエストは常時受け付けています。リクエストした本は一刻も早く読みたい人が多いので、すばやく貸し出すことが大切です。ですので、私はほぼ毎日、リクエストカードをチェックし、図書館にない本は書店に発注したり、絶版などで購入できない本なら、公共図書館や近くの高校図書館から借りる手続きをします。

　もちろんリクエスト以外にも、授業で必要な本や、「こういう本を生徒に読んでもらいたい」という本をたくさん購入します。

　本が入ってきたら、すぐに本の整理をします。蔵書のデータはネット上からダウンロードできるので、それをパソコンに取り込み、バーコードを打ち出し、ラベルを貼って、本の傷み防止のためにブッカー（ビニールコーティング）をかけます。リクエストしてくれた生徒に、「本が届きました」というお知らせの紙を渡して一連の作業が終わります。

　データを入力するさいは、本に必ず目を通します。少なくとも目次はチェック。「〇〇について調べたいんですが……」と聞かれた時に、「あの本に書いてあったな」とアタリをつけられることも大切だからです。

好きな本だけでなく、自分の肌に合わないものでも、仕事の読書として、生徒に人気がある著者の本などは必ず読みます。特に小説は読んでおかないと、「この本、どんな本？」と聞かれた時に答えられないので。学校図書館でいちばん多い質問は「なにかおもしろい本はない？」だと思います。その時に、読みたい人にぴったりの本を紹介できるのが、司書の仕事の醍醐味です。

本の魅力を伝えるためにできることは？

昼休みには多くの生徒が図書館にやってきます。私は図書委員の生徒といっしょに、カウンターで本の貸し出し・返却を受け付けるか、あるいはフロアーを見回るのですが、そうしたさいに生徒から「これはどんな本ですか？」と尋ねられることが多いですね。

「泣ける恋愛小説はないかなあ。失恋したから泣きたくて」「ドキドキする本を読みたい」などとリクエストされることもあります。そんな時は、生徒が興味をもった本のあらすじを話してあげたり、リクエストに合いそうな著者や作品を教えます。ほかにも、返却の時に感想を聞くな

カウンター業務は大切な仕事です

Interview!

どして、読む本の傾向(けいこう)がわかってきた生徒には、私のほうから「こんな本を読んでみたら？」と勧めることもあります。学びの場である学校図書館では、新たな本と出合うきっかけをつくることも大切です。

展示の工夫で、本をアピールするのも一つの方法。「ワールドカップ」「文化祭お役立ち本、大特集！」など、旬(しゅん)のテーマの特設の棚(たな)をつくって関連本を並(なら)べたり。2週間に一度は新着図書案内を発行し、書評を書いてお勧め本の紹介(しょうかい)もしています。

そうして紹介した本について、生徒たちが「この本、読みたい！」「すごくよかった」と言ってくれた時が、いちばんうれしいです。

司書のある1日

8時20分	出勤。職員室で職員朝会。
8時30分	図書館の鍵を開け、開館準備。カーテンを開け、コンピュータを起動、新聞をチェック。
8時45分	図書の整理。新しい本のデータ登録や、フィルムの装備、棚の本の整理など。
9時40分	国語の授業で、「小説とは」というテーマでブックトーク。小説の意義や魅力を、数冊の本の紹介とともに説明。
12時10分	生徒の昼休み。カウンターでの本の貸し出し・返却受付、生徒の本の問い合わせへの対応。
13時	昼食。
14時	図書の整理、図書館だよりの作成。先生からの資料の問い合わせにも対応。
15時30分	放課後。調べものをする生徒の相談役に。貸し出し・返却受付。
17時	閉館。片付けをして帰宅。

生徒の質問にもすばやく答えます

さまざまな世界にふれる学びの場として

　図書館は授業でも活用されています。授業の課題など、調べもののために図書館に来る生徒もいます。そうした子からの「どう調べればいいか」「どうすればうまく本を探せるか」といった相談にものります。いわゆるレファレンスサービスです。

　先日も、日本と韓国の文化交流について調べたい、という子がやってきました。話を聞くと、これまでの歴史もよく知らない、とのこと。「じゃあ、韓国の文化や歴史に関する資料はあの本棚に並んでいるから、そこからあたってみようか」とアドバイスするところから始めました。

　小・中学校で司書のいる図書館を経験していない生徒も多いので、百科事典の使い方を知らない生徒もいます。百科事典などは、いっしょに「索引」を引いて、知りたいことを調べてみます。一度体験すれば、つぎに調べる時には、自分で調べられるようになるからです。

　高校よりも小・中学校のほうが多いですが、司書のいる学校図書館では、図書の時間や授業の中で「読み聞かせ」や「ブックトーク」も行っています。ブックトークとは、一つのテーマに沿って複数の本を順序立

昼休みの図書室は生徒でいっぱいです

てて紹介すること。私も先生方と授業で連携する時に、ブックトークを積極的に行っています。

　図書館というのは、本当におもしろい場所なんです。文学や歴史や地理も、自然科学や技術や産業も、芸術もスポーツも、職業や雑学も、全部本にまとめられていて、自由に手に取ってはその世界のことを学んだり感じたりすることができるのですから。

　もちろん図書館の蔵書には限りがあり、世の中のすべての本を集められるわけではありません。だからこそ司書は、目の前の利用者、学校図書館でいえば生徒のことを理解して、その子たちにとって必要な本や雑誌をきちんと選定しなければいけないのだと思います。リクエストを積極的に受け付けたり、貸し出し実績から生徒のニーズをつかんだり、教科書を読んでふだんの授業にも役立ちそうな本を探してみたり。

　図書館というと、どこも似たような本が並んでいると思っている人もいるかもしれませんが、実際には、同じ学校図書館でさえ、生徒の雰囲気や志向によって、蔵書は変わってくるんですよ。

　図書館は意思をもつもの。利用者のニーズに合わせて成長するもの。そのなかで人と本をつなぐのが、司書の役目だと考えています。

学校司書になるには

どんな学校に行けばいいの？

　図書館司書の学習コースを設けた大学・短大で、定められた科目を学ぶと司書の資格を取得できる。または、毎年7〜9月ごろに全国で集中して行われる司書講習を受けると資格を得られる。学校図書館に興味のある人は「司書教諭」の資格も調べておこう。大学での専門の勉強や講習によって資格を取得できる。

どんなところで働くの？

　学校図書館で働くには、地方自治体の行う司書採用試験を受験するのが一般的。小・中学校の図書館は、正規採用でなく、非正規で臨時雇用の学校司書も増えている。私立学校の図書館は独自に職員の採用選考を行っている。このほか、司書の資格をもつ人の主な職場としては、各地域にある公共図書館がある。

ほかにもこんな仕事があるよ！

学校調理員

どんな仕事？

学校栄養士がつくった献立にもとづいて数十人分から数百人分の給食をつくる。具体的には、まずは主食やおかずについて、調理場のどこで、何時までに、どんな手順（切る、まぜる、味をつける、焼く、蒸すなど）でつくるのかを計画。その計画に沿って、帽子やマスクや手袋などをして衛生管理にも十分に気をつけて、昼食の時間までに間に合うように調理をする。

この仕事に就くためには？

市区町村教育委員会が公務員として調理員を採用するケースと、学校から調理を任された民間の給食会社が調理員を採用するケースがある。いずれにしても、学校調理員の責任者は、国家資格の「調理師」の免許をもっているもの（免許がなくても調理はできる）。調理の仕事をめざす意志が強いなら、中学校や高校を卒業後に、調理専門学校に進んで、調理師の免許も取っておこう。

栄養教諭

どんな仕事？

健康に暮らしていくための正しい食生活を身につけられるように、子どもたちに食に関する指導、いわゆる「食育」を行う。教師の一人として、食に関する年間指導計画を考え、そのうえで、給食の時間や保健体育の時間、総合的な学習の時間、学校行事（野菜の栽培など）などを通して、子どもたちに食の安全や、バランスのよい食事のことを教える。

この仕事に就くためには？

栄養教諭を養成するコースのある大学や短大の学部（家政学部や生活科学部など）で、定められた科目を学ぶと、栄養教諭の免許状を取得できる。そのうえで都道府県の自治体の採用選考をクリアしよう。ただし現時点では、全都道府県で毎年栄養教諭の採用があるわけではない。栄養士として学校に採用された人が、経験を積んでから講習を受けて栄養教諭になる道もある。

ほかにもこんな仕事があるよ！

学校医

どんな仕事？

　学校での定期的な健康診断をはじめ、予防接種、マラソン大会などの学校行事に合わせた健康相談を担当する。学校にいつもいるわけではなく、その地域の開業医などが学校医を務めていて、健康診断など、必要な時に学校へ向かう。ただし、ふだんから学校の養護教諭とは電話で連絡を取り合っていて、インフルエンザなどの感染症が流行るのを防ぐための助言などをしている。

この仕事に就くためには？

　学校医はいわゆるまちのお医者さんなので、まずは医師になることをめざそう。医師になるには、大学の医学部で6年かけて専門的な勉強をしてから、医師国家試験に合格しなければいけない。そのうえで2年以上は研修医として病院に勤務し、さらに内科や外科など専門領域を選んで経験を積む。その後、開業医の道を選ぶと、周辺の学校の学校医を任されることがある。

学校歯科医

どんな仕事？

　子どもたちの歯科検診のために学校に出向き、虫歯や歯肉のチェック、その場での歯のみがき方の指導、口の中や歯についての健康相談などを行う。また、保健体育の時間やクラス活動で、虫歯予防や歯のみがき方の指導ができるよう、養護教諭や教師に助言をしたり、ときにはみずから講師を務めたりする。非常勤であり、ふだんは歯科医院で働いている。

この仕事に就くためには？

　まずは、いわゆる歯医者さんになるために、大学の歯学部で6年間専門的な勉強をして、そのうえで歯科医師国家試験の合格をめざそう。歯科医師免許を取ったあとは、大学病院や歯科医院などの現場で1年以上研修を積んでから、病院や歯科医院の勤務医に。そこでさらに経験を積んでから独立して、自分の診療所を開くことが多い。

ほかにもこんな仕事があるよ！

学校薬剤師

どんな仕事？

定期的に学校へ出向いて、水道水やプールの水の品質、教室の照明の明るさや空気の汚れぐあい、換気、騒音などを、養護教諭と協力して検査する。また、保健室で使う医薬品や、理科で使う化学薬品についても、使い方や管理の仕方をアドバイスする。非常勤の職員であり、ふだんは地元の薬局などで働いている。

この仕事に就くためには？

まずは薬剤師になることをめざそう。薬剤師になるには、薬科大学か薬学部のある大学で6年間勉強したうえで、薬剤師国家試験に合格しなければいけない。勤務先は、病院内の薬局や、まちの薬局である院外の「調剤薬局」。そうして薬剤師として働き出してから、学校薬剤師の仕事もしたければ、地域の教育委員会か、地域ごとに組織されている学校薬剤師会に問い合わせよう。

司書教諭

どんな仕事？

教師であると同時に、図書館運営のプロでもある存在として、学校図書館の本の購入や展示、整理や管理を行う。小・中・高いずれかの教員免許状も取得しているので、クラス担任を務めるほか、教科の授業も受けもつ。また、子どもたちへの読書指導や、調べ学習における情報活用の仕方の指導なども、授業やホームルームを通して行う。

この仕事に就くためには？

司書教諭は、その前に一人の教師でもあるので、まずは教員養成コースのある大学や短大で、定められた科目を勉強し、教員免許状を取ろう。免許を取った人か、教員になるための一定の科目を学んだ人が、大学などで短期の講習を受けると、司書教諭の資格を取得できる。いわば司書教諭は、教師志望にプラスして、図書館にも深くかかわりたい人のための資格なのだ。

Chapter 4

放課後の学校をのぞいてみよう

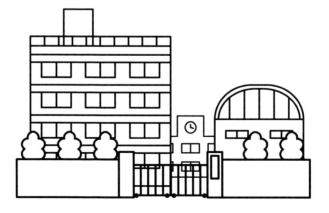

Chapter 4　放課後の学校をのぞいてみよう

放課後の学校を Check!

放課後になると、
帰宅する子から部活動に行く子まで
子どもたちは思い思いの活動へ。
でも、学校の教職員の仕事は
まだ続いている。
誰がどこで何をしているのだろう？

放課後の職員室では何をする？

小田くん「好きなことを調べただけだけど、自分が図書館に長くいたなんて。少し頭がよくなった気分だなあ」

白井さん「だいぶ長くいたもんね。副校長先生、時間を取ってくださってありがとうございました。……つぎはどちらへ？」

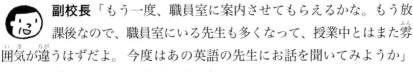
副校長「もう一度、職員室に案内させてもらえるかな。もう放課後なので、職員室にいる先生も多くなって、授業中とはまた雰囲気が違うはずだよ。今度はあの英語の先生にお話を聞いてみようか」

小田くん「こんにちは。先生は今、何をしているんですか？」

中学校教師　「こんにちは。今はね、今度の文化祭のために、教員がやるべき作業をリストアップして、どう作業を割りふる

か、原案をまとめているところだよ。職員会議のための資料としてね」
白井さん「会議用の資料ですか。なんだかふつうの会社の仕事みたいですね。先生の仕事というと教えるイメージが強いから」
中学校教師「そうかい？　僕ら教員は、**学校運営にかかわるさまざまな仕事も役割分担して行っている**んだよ。『**校務分掌**』といってね。全体の時間割づくりを中心になって考える教員もいれば、机や椅子を管理する教員もいて。あちらのソファで膝を突きあわせている先生たちは、学校のホームページの更新について話し合っているところだしね」
小田くん「向こうでも先生たちが集まっていますけれど……」
中学校教師「あそこは３学年の先生たちの席だから、校務分掌の会議ではなくて、いわゆる学年会議だね。各クラスの生徒のようすについて情報交換をしたり、進路指導について話し合ったり。ほかにも同じ教科担当の先生同士で話し合う会議もあるし……教員の仕事って、会議をしたり、その会議のための資料を作成したりすることが意外と多いんだ」
白井さん「放課後のお仕事は、そうした事務作業が中心なんですか？」
中学校教師「いや、部活動や行事の活動を通して、生徒たちといっしょに活動する機会もたくさんあるね。私もバスケットボール部の顧問を務めていて、今日もこのあとで体育館に行く予定だから」

Chapter 4 放課後の学校をのぞいてみよう

放課後の学校を イラストで見てみよう

体育館や校庭は部活動のフィールドに

小田くん「僕は水泳部なんですけれど、確かに顧問の先生は、放課後の練習にも毎回来てくれるし、休日の大会にも同行してくれるので、先生たちのなかでもいっしょにいる時間が長いです」

中学校教師「**顧問はそうしたコーチの役目も果たせば**──もう一つね、**部の運営面も支えないといけない**んだ。バスケ部でいえば、ボールの管理や大会の申し込み、ほかの部とのコートの使用の調整とか」

白井さん「うわあ、そこでもまた事務的な作業が増えちゃうんですね」

中学校教師「ただ、部活動をやりたくて入ってきた子たちといっしょに練習して、大会でのよい結果をめざす、というのは本当に燃えるもので。負担が増えたとは思わずに、好きでのめり込んでいる先生は少なくないよ。部活動に熱中しすぎて、ほかの仕事がおろそかになってはいけないけどね。……おっといけない、放課後にやるべきこととして、私はまだ、大切な授業の準備のことをあげていなかったっけ！」

小田くん「**明日からの授業をどう進めるかを計画する**んですよね」

中学校教師「そう。それから、英語のリスニング用のDVDを探してみたりとか、授業に役立ちそうな教材を調べることもね」

部活動や行事の活動

　部活動は中学校や高校において盛んで、教員は何らかの部の顧問になるのが一般的だ。部の顧問の決め方は、学校の状況によって違い、教員の希望を聞いたうえで割りふるケースもあれば、これまでの顧問が転任していなくなった部を新任の教員が任されるケースもある（つまり得意分野以外の部活動を担当することもある）。

　部活動の顧問は、放課後の練習はもちろん、原則として朝練習や休日の練習も見守らないといけないので、（校庭や体育館を使う部活動の顧問同士で協力して、交代で見守るなどするとはいえ）その活動に取られる時間はかなりのものだ。

　また、文化祭や体育祭などの行事の準備のために、生徒が遅くまで教室に残って作業をする時も、教員は全員が帰るまでその活動を見守ることになる。

白井さん「それで、いい教材が見つかったら、先生が人数分を注文して購入して……と、またまた事務作業が増えるんですか？」

中学校教師「ああ、そこは違ってね。買いたいものがある時のやり取りについては、学校事務職員さんという心強い味方がいるんだ。事務職員さんのいる事務室は、職員室の隣だから、何かを学校で買う時の仕組みについては、彼女に聞いてみるとおもしろいと思うよ」

買いたいものがあれば事務室へ！

学校事務職員「あら、いらっしゃい。事務室に何の用かな？ああ、君たちは学校見学のお二人ね！」

白井さん「はじめまして。英語の先生に『学校で何かを買う時は事務職員さんが中心になってくれている』とお聞きして。具体的にどんなことをされているのかを、教えていただけませんか？」

学校事務職員「大まかに説明するとね、学校には予算というのがあって、1年間で使えるお金の上限が決まっているの。その予算を頭に入れて、毎日の出費もしっかりとチェックして、年間の上限額を超えないように、**うまくお金を使っていくのが事務職員の役目**。教材や備品を買うことから施設の修繕まで、お金を使いたい分野はたくさんある。でもその全部にお金をまわすと予算オーバーになるから、先生たちと相談して、優先順位を決めたり、注文する時はいくつかの業者に当たって、いちばんよい条件のところに頼んで無駄遣いをなくしたりするの」

小田くん「細かいお金の計算が必要になりそうですね……」

学校事務職員「計算も大事だし、きちんと記録することも欠かせないのよ。適切なお金のやり取りをしたかどうかの証拠として、正式な書類に

してファイルに残しておかないといけないから」
白井さん「そ、それじゃあ、あの棚の何冊もの分厚いファイルは……」
学校事務職員「全部に私が作成した書類の束が入っているわ」

教員のお財布事情まで知っているのは……

学校事務職員「お金のことでいえば、学校事務職員は、**教職員の給与や交通費の計算や記録も担当しているのよ**」
小田くん「えっ、ということは……先生たち一人ひとりがいくらの給料をもらっているか、全部知っているということですか!?」
学校事務職員「そうなるわね（笑）。もちろん、その情報は誰にも漏らさないわよ。学校事務職員は、先生たちと物品の購入について年中相談もすれば、先生たちに給与関係の重要な書類も記入してもらう立場。まわりからの信用を失ったら、ふだんの仕事ができなくなるから」
白井さん「業者の人から学校の先生まで、事務職員さんはいろいろな立場の人と、お金のからむ大事な話をしないといけないんですね」
学校事務職員「だからこそ、最近よく思うのは、事務職員というのは、事務作業をテキパキと行うことも大事だけど、それ以上に**まわりの人と**

のコミュニケーションを大切にしないといけない、ということなの」
副校長「おもしろいお話は聞けたかな？　では二人とも、つぎは肩に少し力が入るかもしれない場所へ案内させてもらえるかな」
白井さん「肩に力、ですか？　どこだろう……？」
副校長「先ほど校長が外の会議から帰ってきてね。今は校長室で、君たちが訪ねてくるのを、首を長ーくして待っているんだ」

ちょっと緊張する校長室で

校長「やあ、今日はこの学校の見学にようこそいらっしゃいました！　おや、校長室の雰囲気はやはり少し緊張させてしまうようですね。面接ではないので、二人ともリラックスしてくださいね。どうでしたか、ここまでの見学でいろいろな発見はありましたか？」
小田くん「はい、その……。僕らはふだんも学校にいるのに、そこで働いている人たちのことを結構知らなかったんだな、と思いました」
白井さん「私もそう思いました。それで……えっと、考えてみたら、私、校長先生のお仕事のこともよくわかっていないなあ、と」
校長「**校長の仕事は、学校現場を監督すること**、といえばいいですかね。

専門の職員と校務分掌

　事務のスペシャリストの学校事務職員をはじめ、校舎や校庭の環境整備をする用務主事、給食や食育にかかわる栄養士、図書館のプロである司書、保健衛生面を支える養護教諭など、学校にはさまざまな分野の専門家がいるが、職員数はそれぞれに学校のなかで一人から数人。限られた専門の職員だけで、事務や衛生面のすべてをカバーするのは難しい。だから教員は「校務分掌」のなかで、事務管理担当、施設管理担当、備品管理担当、給食担当、図書担当、保健担当などなど、みんなで役割分担をしながら、専門の職員と協力してこれらの仕事も行っている。
　ちなみに「校務分掌」にはこのほかに、年間教育計画の作成や、生活指導の年間目標や月間目標の設定など、教育にかかわる事務の仕事もある。

たとえば、学校の先生たちが子どもたちにすばらしい指導をいつも元気にできるように、授業を見守ったり、アドバイスを送ったり、あるいは働きやすい環境を整えたり。君たちの学校の校長も、しばしば先生たちの授業を見に、教室に足を運んでいるんじゃないかな？」

小田くん「あれは僕たちを見にきているんじゃないんですね」

校長「もちろん先生だけでなく、君たちのことも見ていますよ！　学校

学校現場を監督

学校のすべてを見守り支えます

の子どもたちがどんなようすかは、校長として気になって気になってしかたがないのですよ、本当に。楽しそうだと、うれしくなりますねえ」

リーダーとしての校長の役割は

校長「それから校長は、先生と接するだけでなく、用務主事や学校事務職員とも施設やお金のことを話し合いますし、栄養士や養護教諭とも子どもの健康や衛生面について情報交換をします。そのように、**すべての教職員とかかわりながら学校経営を担うのが校長の役目**ですね」

小田くん「さまざまな人といろいろな分野のことを話し合っていくうちに、頭がこんがらがることはないんですか？」

校長「ふーむ。どんな学校にしたいのか、そのイメージがないと混乱するかもしれませんね。ですので私は、校長は大きな視点から『こんな学校にしたい』という方針を打ち出すことも重要だと思っています」

白井さん「大きな視点……ですか？」

校長「たとえば、『生徒が自校を誇れる学校にしたい』という方針があれば、『そのために教職員は、授業や行事のなかで何をして、生徒にどんなことを感じてもらえばいいか』『どんな施設にすればいいか』など

すべての教職員とかかわる

> **コラム　校長と管理職**
>
> 　校長は学校現場のトップとして、まわりを束ねていく立場にあるが、さすがに一人だけでその役目を担うのは大変。このため、学校には校長のほかに、副校長や教頭という管理職の教員もいる（両方いる学校もあれば、副校長か教頭のどちらかがいる学校もある）。
> 　副校長や教頭の役目は、校長をサポートして、教員の監督から施設の管理まで学校経営全般にいっしょにかかわることだ。校長がいない時は校長の代役も務める。また、外部との窓口役としても活躍し、地域の住民や教育委員会などとの連絡調整も担う。
> 　このほかに学校では、教員のなかのリーダーや指導役を果たす存在として、経験豊富な教員が「主幹教諭」「指導教諭」という立場で働いている。

と、具体策をみんなで話し合えますよね。ところが方針がないと何をめざせばいいかわからず、『あれをやろう』『これをやろう』とみんなが思いつきでバラバラにものごとを進めてしまい、収拾がつかなくなります。学校全体の方針というのは大事なんですよ」
白井さん「そうかあ。校長先生はみんなを見守るだけじゃなくて、**どんな学校にするかを全員で考えるうえでのリーダー**でもあるんですね」

Chapter 4　放課後の学校をのぞいてみよう

働いている人に Interview! 7
高校教師

大人に近づいた生徒たちに対して、
教科学習や部活動の指導を行い、
進路の相談にものる。

下山尚久さん
（しもやまたかひさ）

大学院の教育研究科を卒業後、1年間の非常勤講師を経て、高校の理科の教師に。吹奏楽部の顧問。自身も中学から大学まで部活動でトロンボーンの演奏に明け暮れていたという。

Interview!

高校教師ってどんな仕事？

　10代半ばから10代後半の年代を中心とする生徒たちに対して、教科の授業や、部活動や生徒会活動の指導を行う。文化祭や修学旅行のための事前準備も教師同士で担う。また、大学や専門学校への進学を希望する生徒から、就職を考えている生徒まで、それぞれの生徒に合わせて進路の相談にものる。

生徒が受身にならない授業をめざして

　授業をする時に意識しているのは、私が一方的にしゃべり続けて、生徒は黙々とノートを取るだけの授業にはしないことです。

　生徒同士で話し合わせたり、生徒たちに発表させたりすることを、できるだけ授業のなかに取り入れたいと思っています。子どもたちが受身にならずに、自分の頭で考える。そうした学習が、学力を伸ばすうえでも、これから社会に出るうえでも重要だと思うからです。

　私は高校で、理科の生物を教えています。

　一方的に教えるのではなく、生徒自身にも考えてもらう、というのは、おもしろくもあるんですよ。私が全然思いつかないような発想に出合えるので。たとえば、発生のメカニズムを学習した時のことです。カエルの卵がオタマジャクシに変化する過程で、一部の細胞をほかのところに移し替えると、早い段階なら細胞は移したところになじみ、遅い段階だとなじまなくなるのですが——これを「転校」になぞらえて説明してくれた生徒がいました。小さいころに転校すると、子どもは自然にその場になじんでいくものですが、大きくなってから転校すると、環境の変化になかなかなじめない、と。うまいたとえだな、と思いました。

　生物という教科は、暗記科目といわれることもあるくらい、覚える量が多いので、ものごとを覚えるのが苦手な子ほど嫌いになりがちです。ですが、自分たちで考えさせながら学んでもらうと、そうした生徒でも俄然、輝き出すことがあるんです。

部活動は生徒も先生も夢中(むちゅう)になる？

　生徒自身が中心になって取り組むものといえば、部活動もそうです。この部活動については、高校教師は、全員が必ず深くかかわるわけではないですが、力を入れる教員は多いですね。私自身も吹奏楽部(すいそうがくぶ)の顧問(こもん)をしていますが、その活動を大事にしています。

　部活動の顧問(こもん)の役割は大きく分けて二つあります。

　一つは、生徒に技術的な指導をすること。もう一つは、お金やスケジュールの管理など、運営上の管理をすることです。もっとも、私は運営面のこともできるだけ生徒にゆだねたいと思っているのですが。市民ホールで年に１回行う定期演奏会にしても、地域の商店街の方々から広告を取ってくることや、印刷会社と打ち合わせてチラシやパンフレットをつくることは、すべて生徒に任せています。そうしたことも、子どもたちのよい経験になると思うので。

　部活動に熱が入るのは、私自身、部活動から得られるものは大きい、と感じているからなんです。勉強では一度「自分のレベルはこれくらい」と感じると、より上をめざす気になかなかなれません。しかし、好きで

生徒と向き合って授業をします

Interview!

始めた部活動だと、うまくなりたいと思って練習するうちに、それまでの殻を破る子が出てきます。自分で限界を決めなければ、自分の力は伸ばせるんだ、といった体験をぜひ味わってほしいのです。

ただ、その思いを生徒に押し付けてはダメで。教員1年目に吹奏楽部にかかわった時、私がかたくなに「こうあってほしい」と求めたせいでしょうね、生徒と完全にぶつかってしまい、反省させられました。

顧問になって3年目の今年は、吹奏楽部が二十数年ぶりに県大会に進出することができました。生徒たちのがんばりをまわりに認めてもらえたことが、本当にうれしかったです。

高校教師のある1日

7時30分	出勤。1日の予定の確認、今日の授業の準備。
8時25分	職員室で職員との打ち合わせ。
8時35分	担任するクラスで、ショートホームルーム。出欠確認など。
8時45分	1時間目の授業。
9時55分	2時間目は空きコマ。授業準備や、行事の資料の作成。
12時20分	昼休み。職員室でお弁当を食べる。生徒が来ればすぐ対応。
13時15分	4時間目の授業。
15時25分	担任するクラスで、帰りのショートホームルーム。
16時	学年の教員で会議。
17時	吹奏楽部の指導に。
18時	授業の準備や、校務分掌の資料の作成。
19時	帰宅。

吹奏楽部の指導中です

生徒が自分の足で踏み出せるように

生徒の進路相談にのることも、私たちの大切な仕事です。

今の学校は、大学や専門学校への進学を希望する子がほとんどなので、進学先の情報を集めては、学校の特色や入試制度のことを伝えています。「医療系に進みたい」「音楽にたずさわりたい」など、将来を見越して進学先を考える子もいるので、友人のツテなどをたどってさまざまな業界で働く人から話を聞き、仕事の情報も届けるようにしています。

ちなみに、これが就職を希望する子が多い高校だと、教員は企業の情報を集めることや、生徒の就職試験対策に努めないといけません。ひと口に進路指導といっても、学校によって教員の取り組みは違ってきます。

実は同じようなことは授業にも言えるんです。私は教員になる前に、1年間、非常勤講師として二つの高校で理科を教えたのですが……最初のころ、勉強が得意な子が多い1校では「簡単すぎる」と言われてしまい、勉強が苦手な子が多いもう1校では「難しすぎる」と不満をもたれてしまったんです。教師は目の前の生徒に合わせて授業をつくれないといけないんだ、と痛感しました。

同僚の先生とのコミュニケーションは欠かせません

Interview!

　先輩の教員のなかには、別の高校に異動したらこれまでのやり方では通用せず、指導の仕方をもう一度試行錯誤した、と語る方もいらっしゃいます。私は教員になってまだ1校目なので、そうした高校の違いを、これから実体験として感じることになるのだと思います。

　ただ、どの学校に行っても、私が理想としたいのは「生徒が自分で動くようになる」ことです。目の前の課題をどうすれば解決できるかを、生徒自身で考えて、自分たちで成長していく。誤解を招く表現かもしれませんが、教師はいるのかいないのかよくわからないような学校。

　もちろん、はじめは手取り足取り「ああしなさい」「こうしなさい」と指示を出さないと動けない子もいるので、そうした指導が必要なこともあります。ですが、いつまでも誰かがその子のレールを引いてくれるわけではありません。だから自分で動く力を身につけてほしいのです。

　この仕事をしていて好きなのは、生徒たちが勝手に何か楽しそうにやっているのを目にした時です。その輪の中に私はいなくていいので。生徒たち自身が笑顔で何かをしていたり、一生懸命に何かに打ち込んでいる。そういうのを見るのは、すごく好きですね。そうした場ができるようにすることが、私たち教師の仕事なのかな、と思っています。

高校教師になるには

どんな学校に行けばいいの？

　高校卒業後、高校教師を養成するコースのある大学に進もう。どの教科を専門にするのかを決めたうえで、定められた科目の単位を取ると、「教員免許状」を取得できる。教育学部だけでなく、文学部や理工学部などの学部でも、高校の国語や数学の教員免許状を取れるところがある。

どんなところで働くの？

　一つは公立の高校。教員免許状をもつ人が、都道府県ごとに行われる教員採用候補者選考試験に合格し、そのうえで都道府県立の高校から採用されると、働くことができる。3〜10年ごとに地域内の学校を異動するのが一般的だ。

　もう一つは私立の高校。各校の採用選考を突破した、免許状をもつ人が働く。

Chapter 4　放課後の学校をのぞいてみよう

働いている人に Interview! ⑧

校長

学校のトップとして教職員を束ね、
教育の仕方から施設の整備まで、
学校の経営全体を管理する。

清水隆彦さん
(しみずたかひこ)

大学の工学部を卒業後、1年間、幼稚園で「体操のお兄さん」を務めた後、中学校の数学の先生に。教員の長期社会体験制度を利用して、都庁の仕事を経験したことも。現在、校長になって5年目。

Interview!

校長ってどんな仕事？

学校の経営全体を、責任をもって管理する。教員といっしょに指導計画を立て、子どもたちへの教育がしっかりと行われるように監督。用務主事や学校事務職員、養護教諭、栄養士とも協力して、学校施設の安全面・衛生面や、お金のやり取りを含む学校事務全般についても、きちんと管理する。

よりよい学校をめざして現場を管理

　子どもとふれ合うのが好きで私は教員になったのですが、校長のような管理職になると、子どものいる場所からは少し遠ざかるんですよね。
　じゃあ、なんで校長になったのか、なのですが。
　きっかけとなったのは、教員15年目に、ギリシャの日本人学校に赴任したことでした。外国に住む子どものために役立ちたいと飛び込んだのですが、その学校はグラウンドがなく、進学情報も不足していて、教員としては学校全体の環境をよりよくする仕事もせざるを得ませんでした。そのなかで思ったのです。担任としてクラスの子たちの喜ぶ顔を見るのもよいけれど、管理職となって全校生徒が笑顔で過ごせるようにがんばるのもいいな、と。3年後に帰国してから、管理職の試験を受け、副校長などを経験したうえで、教員21年目の時に校長になりました。
　校長の仕事を簡潔に言い表すなら、学校現場の管理・監督です。
　学校教育がきちんと行われているか、施設は安全で衛生的か、教材の購入などの事務は適切に行われているか、教職員はしっかりと働いているか、といったことを見守り、課題があれば指導や改善をします。
　こうした仕事に臨むうえで、私が大切にしているのは、校長として「学校の経営ビジョン」をきちんと示すことです。こんな学校をめざす、と。そうした方針がないと、何もない学校になって停滞するからです。
　私が今、校長を務める中学校では、目標の一つに「音楽と歌声が響く学校」を掲げました。そしてそのために何ができるかを、副校長や、教

員のリーダーである主幹と相談し、教職員全員とも話し合いました。その結果、これまでにやっていなかった合唱コンクールを毎年行うようになり、予算を確保して吹奏楽部も誕生。音楽熱が高まってきました。
「学力向上」も打ち出しています。そのための一案として生まれたのが、夜間に補習授業を行うこと。都内の大学生に呼びかけ、ボランティアの講師として協力してもらい、希望する生徒が夜間に無料で補習を受けられるように試みました。3年目の現在では、毎回、全校生徒の3分の1以上、130人前後の生徒が参加するまでになりました。

自治体や保護者の思いもくみ取って

　もっとも、今あげたような方針や取り組みが、別の中学校に移ってもそのまま通用するとは、私は思っていません。
　地域が変われば、学校の課題や、子どもの悩みもまた違ってきます。そこで求められていることは何なのか。校長は、そうした地域のニーズに応える学校経営をしなければいけない、と思うのです。
　その地域のニーズとは、大まかに分けると二つあります。

卒業式。生徒に卒業証書を手渡します

Interview!

　一つは地方自治体のニーズです。たとえば現在の学校がある地域では、自治体が子どもたちの学力向上のために、学校の積極的な取り組みに一定の予算を与える政策を立てました。夜間の補習授業は、その自治体のニーズに応え、予算を活用してスタートさせたものなのです。

　もう一つは、保護者の方々のニーズです。現在の中学校のまわりには、再開発で街並みが整備されてからこの地に住まわれた方が多く、ここで我が子をしっかりと育てたい、という教育への熱い思いをもった方がたくさんいらっしゃいました。ですので私も、保護者の方々との集まりではその思いに応えられるよう、学力

校長のある1日

7時30分	学校に出勤、生徒の部活動などを見回る。
8時	主幹教諭との打ち合わせ。
8時15分	職員室で教職員全員との打ち合わせ。
9時	区役所に出張。教育委員会やほかの中学校の校長との会議。
12時	学校に戻って「検食」。給食を生徒より先に食べて、異物が混じっていないか、味が変ではないかなどを確認する。
13時	書類の作成・整理確認。区役所からの通知や調査依頼書を確認して校内に回す。教員の企画書や報告書もチェック。
15時30分	職員会議。教職員と行事について話し合い、意見を集約して最終的な決断を下す。
17時	書類の作成・整理確認。
18時	学校を出て、地元の自治会の集まりに参加。終了後帰宅。

新入生に向けて、心を込めて語りかけます

向上に努めることを明言し、みなさんも協力してください、と呼びかけました。補習授業でも、保護者の方が毎回数名はいらしてくださって、答案の採点などをお手伝いしてくれています。

　これが、子どもたちが荒れていて、地域のみなさんも戸惑われている学校なら、まず取り組むのは学力向上への直接的な働きかけではないかもしれません。部活動やボランティア活動に力を入れ、保護者には「子どもたちの顔つきを変えます」と宣言し、だからみなさんも必死になってください、と呼びかけるとか。常に変わらないのは保護者の方々に協力を仰ぐことですね。学校だけでできることは限られていますから。

子どもたちの変化を大事にしたい

　学校によって取り組みが違えば、当然、ゴールも同じではありません。しかしその違いを、たとえば学力が地域のトップレベルになった学校と、荒れたところから立ち直った学校とを比べて、安易にランク付けすることには意味がない、と私は感じています。それよりも校長として注目したいのは「変化の大きさ」です。子どもたちがどれだけ変わったか。

汗を流して生徒とふれ合っていきます

学校にいるあいだにどれだけ成長したか。その変化が大きいほど、中学校を卒業したあとも、子どもたちは成長し続けると思うからです。

校長というのは、一教員のころよりも子どものいる場所から遠ざかる、と説明しましたよね。とはいえ、私としては子どもとかかわるのをやめたつもりはなく、今は「全校生徒の担任」という思いもあるんです。

子どもたちとは、１年生と３年生の時に、全員と必ず面接をします。入学してしばらく経ってから、まず面接をして、中学校生活で戸惑っていることはないか、何が楽しいか、といったことを聞きます。さらに３年生の秋を迎えたころにまた面接をして、中学校でどんなことを学んだか、どんなことをがんばったか、といったことを聞きます。

３年生の面接は、高校入試の面接の練習も兼ねていますが、それだけではなく、私からすれば、１年生の時からの成長を見る絶好の機会でもあるわけです。勉強をがんばった、という子もいれば、部活動をがんばった、という子もいます。自分を崩さないようにがんばった、と内面の葛藤を語ってくれる子もいます。答え方は人によってさまざまですが、その一つひとつに、その子の成長が感じられるものです。これがまたね、この仕事をしていて、本当に幸せな瞬間なんですよ。

校長になるには

どんな学校に行けばいいの？

小学校教員養成コースまたは中学校・高校教員養成コースのある大学・短大に進み、「一種免許状」か「専修免許状」を取ろう。その後、教員になって経験を積んだ人が、管理職選考を経て教頭や副校長に、さらに校長になるのが一般的。例外として、教員免許をもたない民間の人などが校長に登用されることもある。

どんなところで働くの？

小学校、中学校、高校。校内にある校長室がふだんの居場所だ。ただし、学校の外に出ることも多く、市区町村（または都道府県）の役所で、教育関係者と会議を行ったり、町内会の集会所などで、地域住人と会議を行ったりもする。同じ地域内のほかの学校に出かけて、校長同士で集まって話し合うことも多い。

Chapter 4　放課後の学校をのぞいてみよう

働いている人に Interview! ⑨
学校事務職員

学校に関する事務の全般にかかわり、
子どもや先生の
学校生活を支える仕事。

大多和雅絵さん
（おおたわまさえ）

大学院の教育科学コースを修了後、学校事務職員に。3年間の小学校勤務を経て、中学校に異動。大学院では教育行政を勉強。今は事務職員同士の研究会で就学援助のことなどを勉強中。

Interview!

> ### 学校事務職員ってどんな仕事?
>
> 学校事務全般を担当する。学校予算を使っての物品の注文や受け取り、業者とのお金のやり取りの記録、教職員の給与や福利厚生に関する書類の作成や管理、就学援助にかかわる保護者や役所とのやり取りなど、仕事内容は幅広く、教職員をはじめ学校内外のさまざまな立場の人とかかわる。

学校のものは計画的に買われている

　中学校にあるものを思い浮かべてみてください。教室にある机や椅子、黒板やチョーク、理科の実験ではビーカーやフラスコ、体育の授業ではボールやライン引きなども使いますね。……そうしたものがどうやってそろえられているか、知っていますか?

　中学校にある物品のほとんどは、税金などの公費で購入しています。それだけに、誰かが自分の好みであれこれ勝手に買うことは許されません。決められた予算のなかで、その学校に必要な物品を、法律や条例にもとづく規則通りの手続きをして、買わなければいけません。

　その一連の手続きを担っているのが、私たち学校事務職員なんです。

　学校事務職員の仕事はほかにもいろいろあるので、ひと言で伝えるのはなかなか難しいのですが……予算のなかで学校の物品をそろえることは、仕事の柱の一つといえますね。

　具体的に何をするのかというと、まず、校長先生や先生方といっしょに、1年や1カ月のあいだに、どのくらいのお金を、どの分野に使うのかを考えます。教材や事務用品、清掃用品など、お金を使う分野はいろいろあるからです。そしてその予算の計画にもとづいて、学校事務職員が日々のなかで今、必要なものを業者に注文します。

　業者を選ぶ時は、適当に決めるのではなく、複数の業者に代金などを見積もってもらって、もっともよい条件を出した業者を選ぶのが基本。注文したものが学校に届いたら、私が責任をもって受け取り、請求書

をもらい、お金のやり取りを間違いのないように記録します。

　学校が適切にお金を使っているかということには、市民のみなさんの関心も高く、こちらの記録を公開してチェックを受けることもあります。忙しいと目の前の仕事をこなすだけで精一杯になりそうですが……。大事なお金を扱っている、という緊張感はなくさないようにしたいです！

お金の使い道はバランスが大事

　実際にお金を使うさいには、バランスを取ることも大事にしています。

　そもそも、お金の使い道については、教職員のみなさんそれぞれの思いがあるものです。国語の先生はある教材を買いたくて、体育の先生は体育の器具をそろえたくて、用務主事さんは施設を修繕したくて、などと。

　そのみなさんの思いはきちんと受け止めます。ですが、学校事務職員としては、限られた予算のなかでのお金の使い道として「今、何を重視すべきか」も、全体をよく見て考えないといけません。

　たとえば、ある年には、学校設備の老朽化や破損が目立ち、机の天板の張り替えやロッカーの買い替え、窓ガラスの修繕などにかなりの出

先生が必要としている備品の管理は大切です

費が見込まれることがありました。この時は校長先生と相談して、今年度は施設の修繕を最優先させることにし、職員全員に「購入したいものでがまんできるものはがまんしてください」とお願いしました。

当然、学校事務職員が特定の先生に肩入れするはもってのほか。そういった意味では、事務職員には一歩引いたところから全員と中立的な立場で付き合うことが求められます。

ただ、一歩引くといっても、ほかの教職員とあまりかかわらないようにする、ということではないですよ。

学校事務職員は、どんな教材や器具を買うかを先生たちと具体的に話し合ってもいきます。ですので、ふ

学校事務職員のある1日

8時	出勤。事務室のパソコンやプリンターを起動させる。
8時30分	職員室で職員朝会。
9時	事務室でメールのチェック。その後、教職員の給与や就学援助費関係の書類の作成・チェック。
10時	事務用品が納品される。受領印を押して受け取る。
12時30分	昼休み。事務室でお弁当を食べる。
13時30分	引き続き書類作成。教育委員会に電話で問い合わせたり、教職員をつかまえて必要な書類に記入してもらうことも。
15時	書類作成をしつつ、体育用品の納品や、窓ガラス修繕についての業者からの電話などにもそのつど対応。
18時	帰宅。

先生と予算についての打ち合わせ

だんから先生たちとよくコミュニケーションを取って、どのような授業をしているかを理解していくことも大切です。

学校の多面的な情報を扱うプロ

　学校経営でお金が関係してくるのは、実のところ、物品を買う時だけではありません。都道府県の予算から支払われる教職員の給与や、教職員の加入する共済組合から支給される年金事務。市町村などが行っている、経済状況の厳しいご家庭への就学援助費。

　学校にかかわる人に対して、お金がやり取りされることもあります。

　そのさいに、本人との書類の受け渡しや、役所との手続きなどを引き受けるのも、学校事務職員の仕事です。ですので、私たちが把握すべきことは、物品にかかわる情報だけではないんです。教職員にかかわる大事な「個人情報」も扱っています。

　つまり、学校事務職員というのは、学校のヒト・モノ・カネに関する「情報」を幅広く扱う立場にいるんですよ。

　学校をとりまくヒト・モノ・カネの情報を集めては、きちんとした文

業者から納品された備品をチェックします

Interview!

書やデータの形に整えたうえで、外部の業者や役所と手続きをしていく。外部の業者や役所から受け取った情報は、わかりやすくまとめて学校関係者に届けていく。学校事務職員に求められるのは、そうした「情報」の集約・整理・発信を通して、学校と外部とをうまくつなぎ、よりよい学校経営を実現させることだと思っています。

そしてそれだけ多様な情報にかかわるだけに、「できることはたくさんある」とも感じています。たとえば私は、就学援助費についての事務職員同士の研究会に参加しています。より多くの子がお金に悩まされずに通える学校にするためのお手伝いをしたいからです。先輩の事務職員のなかには、省エネやリサイクルについて学んで、学校での環境問題の取り組みを強化されている方もいます。かかわるジャンルが幅広いので、まだまだたくさん、自分たちで仕事を改革していけるんです。

学校事務職員は、中学校には1人しかいないことがほとんどで、人数的には微力です。ですが、教職員から業者や役所まで、内外のいろいろな人と連携することで、学校経営に深くかかわれる仕事でもあります。

まわりと協力して、「事務室からも学校を変えていく」。そうした意識をもって、日々の仕事に臨みたいと思っています。

学校事務職員になるには

どんな学校に行けばいいの？

学校事務職員になるには、原則、都道府県ごとに行われる学校事務の採用試験に合格しないといけない。受験資格は、都道府県によって高校卒業程度（年齢上限あり）の地域もあれば、大学卒業程度の地域もある。まずは高校に進み、そのうえで自分の希望する地域の受験資格がどうなっているかを調べよう。

どんなところで働くの？

多くの小学校や中学校では、1校に1人の学校事務職員が勤務している。大規模な小中学校では1校に2人。事務職員の仕事について先輩などに相談したい時は、まわりの学校の事務職員と電話やメールで連絡を取り合うことになる。一方で、高校の場合は、1校に3〜4人の学校事務職員が勤務している。

ほかにもこんな仕事があるよ！

副校長

どんな仕事？

校長を助けて、学校のマネジメント（経営管理）にかかわる。学校全体の方針を校長とともに考え、教職員に対しては校務分掌などの仕事をうまく割りふり、それぞれの仕事がきちんと行われるように見守る。校内の情報の収集や漏洩防止、お金の管理でも、校長や学校事務職員と連携。また、保護者や地域の人、教育委員会など、外部や関係機関との連絡調整も担当する。

この仕事に就くためには？

選考によって副校長に登用される。選考の仕方は都道府県（および政令指定都市）ごとに違うが、多くの地域では管理職選考試験を行っている。その管理職選考試験を受けるには、教員としての一定の経験年数や、年齢の条件（45歳以上57歳以下など）といったいくつかの条件を満たさなければいけない。ただし、その条件も地域ごとに違う。

教頭

どんな仕事？

校長（副校長もいる学校なら、校長と副校長）を助けて、管理職として学校経営のために必要な総合調整をする。教職員の見守り役や相談役を務めて、外部との連絡調整も担当するなど、副校長と似たような立場。校長と教頭（または校長と副校長）しかいない学校も多いが、教頭も副校長もいる学校では、役職の順序は校長・副校長・教頭となる。

この仕事に就くためには？

選考によって教頭に登用される。選考の仕方は、副校長と同じく、多くの都道府県（および政令指定都市）では管理職選考試験が行われている。試験を受けるには、基本的には、学校の教職員として一定年数を経験していることが必要になる。そのほかに、年齢の制限や、校長や市区町村の教育長からの推薦などを受験資格として設けている地域が多い。

ほかにもこんな仕事があるよ！

主幹教諭

どんな仕事？
　教員のリーダーとしてまわりを引っぱり、教員同士の意見を調整したり、まとめたりする。また、校長や教頭とともに学校の経営方針や教育計画を定める作業にも深くかかわり、その方針を教員たちに浸透させる役割も担う。いわば教員たちと管理職の校長や教頭とのパイプ役であり、中間管理職だ。ただし、管理職といっても、クラス担任を受けもつこともあれば、教科の授業も行う。

この仕事に就くためには？
　教員の中から選考によって登用される。選考の仕方は都道府県（および政令指定都市）ごとに違うが、主幹教諭になることを希望する者に対して、選考試験を行うのが一般的。筆記試験や面接を受けて合格した人が候補者となり、それぞれの学校の状況に応じて、主幹教諭に登用される。教職員経験5年以上など、一定の経験年数を受験資格としていることが多い。

指導教諭

どんな仕事？
　教員のなかでも、授業をはじめとする子どもたちへの教育に長けた存在として、ほかの教員に対して、教育についての指導や助言を行う。具体的には、自分の授業を積極的に公開したり、ほかの教員の授業を見守ってアドバイスをしたり、校内で授業の研修会を開いたりする。学校経営全般にかかわる主幹教諭とはまた違う、教育面での教員のリーダーだ。

この仕事に就くためには？
　教員の中から選考によって登用される。選考の仕方は都道府県（および政令指定都市）ごとに違うが、指導教諭になることを希望する者に対して、選考試験を行うのが一般的。筆記試験や面接を受けて合格した人が候補者となり、それぞれの学校の状況に応じて、指導教諭に登用される。教職員経験5年以上など、一定の経験年数を受験資格としていることが多い。

Chapter 5

学校を支える仕事を見てみよう

Chapter 5　学校を支える仕事を見てみよう

学校を
支える仕事を

毎日学校に来るわけではないけれど、
学校と深くかかわりをもち、
教職員と協力して、
子どもたちの力になっている人もいる。
君もどこかで
お世話になったことがないかな？

「いつも学校にいる人」だけの力じゃない

 校長「ところで、私としては、この学校にかかわる人で、君たちにまだ紹介したい人がたくさんいるんですよ」

　小田くん・白井さん「誰(だれ)だろう？」「ほかにも会わせてもらえる人がいるんですか！？」

校長「週1日勤務のスクールカウンセラーさんや、教育のことを話し合うために頻繁(ひんぱん)に学校に足を運んでくれる方々。学校というのは、**いつも学校にいる人だけではなく、本当にいろいろな人の力に支えられている**、ということを、特に管理職になってから痛感しましてね」

 副校長「だから校長先生と私とで、そうした方たちにも都合をつけてもらったんです。案内役は引き続き私が務めるので、ま

ずはスクールカウンセラーさんのいる相談室に行ってみようか」

相談室でスクールカウンセラーと

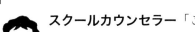**スクールカウンセラー**「こんにちは。今日はよろしくお願いします。相談室のようなところに来るのははじめてですか？」
白井さん「よろしくお願いします。うちの学校にもスクールカウンセラーさんはいますが、私はまだ相談したことがなくて……すみません」
スクールカウンセラー「謝ることなんてないですよ！　元気であれば、それでいいんですから。ただ、もしも何かひっかかることがあるなら、『相談』というのをあまり重くとらえないで、私たちところに来てもらって全然かまわない、とだけお伝えしておきますね」
小田くん「いつもどんな相談にのっているんですか」
スクールカウンセラー「お友だちと気まずくなったとか、親や先生と衝突したとか、対人関係の相談が多いです。自分から来る子もいれば、先生に『何か悩んでいるようで』と連れてこられる子もいます」
小田くん「自分から来たならともかく、連れてこられたなら、もし悩んでいても、話そうとしない人もいそうですけれど……」

スクールカウンセラー「そうですよね。ですから私たちも、何でも無理に聞き出そうとするわけではないんです。話したくないことはもちろん話さなくていいし、特に最初のころは、本人の趣味の話で盛り上がったりと、悩みとは別の話をしていることもよくあります。そばで、いつでも相談にのるからね、というスタンスではいるようにして」

白井さん「そのほうが安心できる気がします！　初対面の人にいきなり悩みを切り出すのはちょっと難しそうなので」

子どものようすは1週間で変わる

小田くん「週に1日、学校に来るということは……それ以外の日は何をされているんですか？」

スクールカウンセラー「遊んでいる、というわけではないですよ（笑）。たいていのスクールカウンセラーは、**ほかの日は違う学校などでカウンセリングの仕事をしている**ものです」

白井さん「日によって、行くところが替わるんですか？　全部の学校の子どものようすを知っておくのって、たいへんそうです……」

スクールカウンセラー「まさにその通りで、たとえば校内でトラブルが

スクールカウンセラーのスタンス

　スクールカウンセラーは、不登校の子や学校を休みがちな子の相談にものるが、そのさいは、そうした子をなんとしてでも学校に連れ戻そうと働きかけるわけではない。
　本人の「学校に行きたくない」という意思が固ければ、それを責めたりはしない。ただ一方で、本人が「勉強が遅れると大変なのかな」などと焦りも感じているなら、学校以外でも勉強ができる方法をいくつか示すなどして、まずは本人の複雑にからんだ悩みのなかで、解きほぐせるものがないかをいっしょに考える。
　その結果、いくつかの問題が解決し、そのことで気持ちがより前向きになり、「学校にも行ってみようかな」と本人が思ったなら、その時点で、どうすればまた学校に行けるかを、スクールカウンセラーはいっしょに考えるのだ。

あったり、行事を通して子どもたちが自信をつかんだりすると、たった1週間でも子どもたちのようすはずいぶんと変わります。だから私たちは、**先生たちときちんと情報交換することが大切**なんですよ。副校長先生たちとも、毎週、朝に打ち合わせをさせてもらっていますしね」
副校長「そうですね。子どもたちのようすは必ずお伝えしますし、対応の仕方など、私たちがスクールカウンセラーさんから学ぶことも多いで

すから。……さて、では小田くん、白井さん、つぎは会議室で、私たち教員が、教育全般（ぜんぱん）を相談する相手と会ってもらおうかな」

授業を見にくる謎（なぞ）の人の正体は？

指導主事「はじめまして。教育委員会で指導主事をしています。この会議室では、先生方とは何度も話し合ってきたけれど、こういうシチュエーションははじめてですねえ」
小田くん「指導主事さんというのは……学校の人ではないのですよね」
指導主事「ええ、私は市役所の教育委員会というところに勤めています。市の教育委員会というのは、このペンギン学校をはじめ、市内の小中学校に対して指導・助言をする立場にあって、そのなかでも**指導主事は、主に先生方へのアドバイスや研修をする役を担っている**のです」
白井さん「アドバイスというと、どんなふうにされるのですか？」
指導主事「私が学校に出向いて、先生方の授業を見させてもらったうえで、あとでその先生方と意見交換（こうかん）をします」
白井さん「ああ！ たまに授業を見にこられる方がそうなのですね！ でも……失礼かもしれないのですが、どうして指導主事さんは、先生で

都道府県教育委員会と市区町村教育委員会

　教育委員会には、都道府県ごとに置かれた組織と、市区町村ごとに置かれた組織の二つのタイプがある。
　このうち、都道府県教育委員会は、その地域の公立高校の教育への指導・助言を行う立場だ。また、都内や県内など地域全体で取り組む教育方針は、市区町村教育委員会を介して小・中学校にも伝えている。
　一方、市区町村教育委員会は、その地域の公立の小・中学校の教育への指導・助言を行う立場だ。都道府県教育委員会と、定期的に連絡協議会を開く。
　指導主事は、このどちらにも属している。
　都道府県教育委員会の指導主事は主に高校の教員とかかわり、市区町村教育委員会の指導主事は主に小・中学校の教員とかかわることになる。

もないのに、授業のアドバイスができるんですか？」
指導主事「実は**指導主事というのは、もとは教員**なんですよ。その教員時代の経験を、一つの学校ではなく、地域全体の学校教育に役立てようと市役所の職員になったといえばいいでしょうか。授業の進め方はかつて自分もさんざん悩んだこと。それだけに、各校を回って、現役の先生方と意見交換をするなかで、彼らの力になれるとうれしいでね」

教育委員会と学校の関係は？

小田くん「今日もこの学校に先生の授業を見にきたんですか？」
指導主事「いや、今日は、校長先生や地域の方々と、学校外部の人にどう授業に協力してもらうか、具体策を練りにきました。指導主事は、そうした**教育施策を形づくる役目も担っている**ので」
白井さん「すごい。いろいろな仕事をされるんですね。学校の人たちとみんなでアイデアを出し合って、形にしていくのは楽しそうです」
指導主事「一人で考えずに、みなさんのお知恵を借りてこそ、よいアイデアも生まれますからね！　ただし、場合によっては、せっかくのアイデアを私たちがすぐには施策にできないこともあるのですが」
小田くん「えっ、それはなんでですか？」
指導主事「たとえば、ペンギン学校では実現できるけれど、ほかの学校ではまだ環境が整わなくてできないというアイデアを、市の施策として進めるのは不公平感がありますよね。学校の人たちは、目の前の子どもたちに何ができるかを一生懸命に考えてくれます。ですが、市の教育委員会としては、それが一部だけでなく、市内のどの学校でも実現できるようにバランスよく考えないといけないんです」

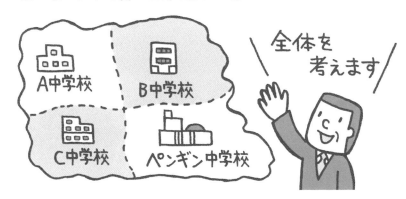

> ### コラム　キャリア教育とは？
>
> 　キャリア教育とは何かをひと言で説明するのは難しい。堅い文章だが、文部科学省では、キャリア教育を「一人ひとりの社会的・職業的自立に向け、必要な基礎となる能力や態度を育てることを通して、キャリア発達を促す教育」と定義している。どんな社会人になりたいか、どんな職業に就きたいか、自分で考えて、そのために必要な能力や態度も自分で身につけていけるように。よりざっくりと言えば、どんな生き方をするのかを自分で決めていけるようにする教育だ。
> 　でも、自分がどんな生き方をしたいのか、まだよくわからない人も多いはず。それはいたってふつうのことだ。「早く自分で決めないと」と変に焦る必要はないので、まずはどんな生き方や働き方があるのかを、いろいろな人と出会って感じよう。そうするうちに、しだいに自分がどうしたいのかが見えてくることは多い。

小田くん「先生たちとは立場が少し違う……ということですか？」
指導主事「そうなんです。そこが難しくもあり、一方でさまざまな意見がそろうよい面でもあるのですが。立場が違うといえば、別の角度から学校にかかわる方がもう一人待っているのですよね、副校長先生？」
副校長「では、そのもうお一方もお呼びしましょう。キャリア教育コーディネーターといって、**学校とさまざまな社会人や企業をつないで、キ**

ャリア教育の場をつくってくれる人だよ」

子どもと大人が交わる場を通して

キャリア教育コーディネーター「こんにちは！　今日は二人とも、いろいろな人の話を聞いたそうだね。どうだった？　何が印象に残っている？　なんでもいいから、あげてみてくれないかな」
白井さん「私は……校長先生の話が新鮮でした。上の立場の人たちって、少し偉そうにしてみんなを見張るのが仕事なんだろうな、と思っていたんですが、みんなの力になったり、何かを生み出したりできるようで」
小田くん「僕は……調理員さんかなあ。まさか毎日、あそこまで気を使って給食をつくってくれているなんて思ってもいなかったから」
キャリア教育コーディネーター「ありがとう。その言葉を校長先生や調理員さんが聞いたら、すごく喜ぶと思うよ。**キャリア教育というのは『生き方』や『働くこと』について考えてもらうものなんだけれどね。**それは、人はこう生きるべきだ、仕事は責任感をもってやらねばならない、などと、言葉だけで説明できるものではないと思うんだ」
小田くん「そういう言われ方をすると、少しムッとしちゃいそうです」

キャリア教育コーディネーター「そうだね(笑)。かと思えば、君たちは今、校長先生のような仕事もいいな、とか、手を抜かずに給食をつくる調理員さんはすごい、とか、自然に感じてくれている。そうやって、さまざまな社会人に出会うなかで、こんな生き方はいいな、働くってこういうことか、と、君たち自身が感じることが大事だと思うんだ。そしてそのように、**子どもたちにたくさんの発見をもたらすような場**を、学校の先生や地域の人と協力してつくり出すことが、我々キャリア教育コーディネーターの仕事なんだよ。今日の学校で働く人との出会いからも、二人が多くのことを感じてくれたならうれしいな」

＊　＊　＊

副校長「さあ、これで学校見学はおしまい。一日お疲れさまでした」
小田くん「副校長先生、今日は本当にありがとうございました」
白井さん「私もとても楽しかったです。ありがとうございました」
副校長「今日お話をした大人を代表して言わせてもらうとね。私たちも、君たちと真剣に話すことができて楽しかったし、いい経験になったと感じているよ、本当に。では、さようなら。だいぶ暗くなってきたから、帰り道にはくれぐれも気をつけて」

Chapter 5　学校を支える仕事を見てみよう

働いている人に Interview! ⑩

教育委員会 指導主事

国や自治体の教育方針をもとに
地域の学校全体に
指導・助言を行う。

早川隆之さん
はやかわたかゆき

大学卒業後、中学校の理科の教員に。3校の勤務を経て指導主事へ。教員同士がチームを組んで子どもたちと向き合うことの大切さに気づいてから、組織を束（たば）ねる仕事への関心が高まったという。

Interview!

> ### ▶ 教育委員会 指導主事ってどんな仕事？ ◀
>
> 　地方自治体のなかにある教育委員会事務局の職員として、教育内容や学習指導について、学校の教員や校長、地域の人びととコミュニケーションを取る。授業のやり方について現場の教員を指導・助言することもあれば、国や自治体の教育方針に沿った施策について、校長や地域の人びとと話し合うこともある。

教員のよきスーパーバイザーとして

　区役所の教育委員会事務局で「指導主事」をしていますが、もともとは、私は中学校の理科の教員だったんです。

　自分で選んだ道なのですが、なぜそうしたかをお話しするには、まず、教育委員会とは何なのかというところから説明をさせてください。

　教育委員会事務局は、地方自治体が設置した学校の教育に関する事務全般を担っている組織です。たとえば、教育委員会の施設担当課は、地域内の学校と学校施設のことを話し合い、保健給食課は、学校と給食や保健衛生面について話し合います。

　そのなかで指導主事は、学校の先生や校長に、教育内容や教え方について指導・助言する役割を担っています。仕事上、学校教育についてよく理解していないと務まりません。ですので、指導主事に限っては、現役の教員が教育委員会で働く仕組みになっているのです。

　私は教員として働くうちに、みんなでチームを組んで教育を行うことの大切さを感じるようになり、しだいに学校を束ねる教育委員会の仕事に興味をもつようになりました。そこで教員20年目に選考を受けて、指導主事になったのです。ちなみに、指導主事以外の教育委員会の職員は、教員ではなく、自治体に事務職などで採用された人たちなんですよ。

　指導主事の仕事としては、学校の先生への指導・助言があります。週に1回ぐらいは学校に行き、研究授業に参加します。先生方の授業を参観し、その授業について評価したり改善策を示したりするのです。

ある小学校の理科の授業では、子どもに発表をさせて、つぎに先生が説明を加えてみんなで学ぶ、という学習がされていました。それを見たあとで私が提案したのは、「子どもの発表後に、聞いていた子どもに説明をさせたらどうか」ということでした。子どもたちが発表の内容に、より集中するようになり、聞く態度が養われる。かつ、発言することにもいっそう前向きになる、と思ったからです。授業をした先生もその意図をよくわかってくれて、おたがいに話が盛り上がりました。そのように先生の力になれた時が、指導主事としてのやりがいを感じる瞬間です。

国や自治体の教育方針を学校現場に浸透させる

指導主事は、国の教育方針や、都道府県・市区町村といった地方自治体の教育方針を、学校に伝える役目も担っています。

たとえば、国の機関である文部科学省が「理科支援員配置事業」というのを立ち上げた時のことです。これは、小学校の理科の授業を充実させるために、科学の知識をもつ外部の方を活用しようという事業です。同じころ、私のいる区では、製造業が盛んなので、ものづくり教育に力

打ち合わせのようす

Interview!

を入れようという話も出ていました。

こうした国や区の方針を具体的な形にするために、私は、区内の企業や大学と連絡を取り、学校教育への協力をお願いできないか話し合いました。断られたところも当然ありましたが、力を貸してくれる方もたくさん集まり、おかげで、製造業の社長による「おもしろ理科教室」や、大学教授による教員向けの理科研修が実現したのです。

また、学校でのいじめが複雑になっているので対策を練ろう、と区が打ち出せば、そのために何をどうすればいいかも考えます。区内の小中学校で児童・生徒との個人面談をしてもらい、それぞれの学校から報告

▶ 教育委員会 指導主事のある1日 ◀

8時30分	区役所に出勤。指導主事同士の打ち合わせや、役所内の会議に参加。
10時	会議用の資料や、区議会のための資料の作成。学校に関する相談の電話も受け付ける。
12時	昼食。食べ終えたら、学校に向かう。
13時30分	研究授業をほかの教員とともに参観。
14時30分	参観した授業について、教員同士で協議会を開き、たっぷりと意見交換。
16時	校長室で、校長や教員らとさらに情報交換。
17時	地域の人との会合に参加。
19時	区役所に戻り、書類作成などの事務処理。
20時	帰宅。

教員の指導も行います

をあげてもらったうえで、教育委員会で問題点を整理し、改めて先生方に注意すべき点をお伝えする、といったぐあいです。

教員とも地域の人とも信頼関係を築いて

こうした施策を進めるうえで、一つのハードルになるのが、その施策を学校側にきちんと受け止めてもらえるかどうかです。

たとえば理科支援員や、中学生が事業所で仕事を体験する「職場体験」のように、外部の方々に協力してもらう施策があります。先生たちもそのよさはわかっていますが……始めるとなれば、外部との打ち合わせや、年間計画の見直しなど、やるべきことが増えます。現場は授業や学校行事に追われて忙しいだけに、一方的な施策の伝達だと、先生たちの理解が得られず、施策が消極的にしか受け入れられないこともあるんですよ。

ですので、外部の方に協力してもらう授業にしても、こちらで教科書の内容に沿ったプログラムを用意するなど、先生方に理解されやすい施策にしていくことが重要だと思っています。

もう一つ難しいのは、協力してくださる外部の方々や先生方と、どの

地域の人たちとの会合も大切です

ようにかかわっていくか。

　中学生の職場体験について、事業所の方々や先生方と話し合った時のことです。大勢の方から「生徒が事業所に行く交通費を区の予算でもってほしい」という要望が出ました。しかし、気持ちはよくわかりつつも、私はすぐに賛成できませんでした。なぜなら、いただいた意見を持ち帰って役所の会議にかけ、予算化するのが「区民にとって本当に公平なのか」を、慎重に議論する必要があると判断したからです。

　教育の施策立案にいっしょに取り組む方とは親しくなりますが、立場上、一定の距離は保たなければいけないと考えています。

　ただ、一方でそのかかわり合いを何よりも大事にしたい気持ちも強くあります。教育の施策を練る時は、事業所の方から保護者や先生まで、無償で自分の時間を削って協力していただくことがほとんどです。その方たちの熱意に、応えないわけにはいかない、と思うのです。

　子どもたちのために何ができるか。そのことを地域のさまざまな人と話し合う時は、厳しいご意見をいただくこともありますが、できる限りいっしょに時間を過ごすようにしています。そうして、教育の施策をともに進めてくれるみなさんと信頼関係を深めるように努めています。

教育委員会 指導主事になるには

どんな学校に行けばいいの？

　指導主事には教員経験者がなるので、まずは幼稚園・小学校・中学校・高校の教員になろう。教員養成コースのある大学・短大に進み、教員免許状を取得。教員となって経験を積んだうえで、選考をクリアすれば指導主事になれる。なお、指導主事になったあとは、副校長や校長として再び学校の現場に戻る道もある。

どんなところで働くの？

　都道府県教育委員会や、市区町村教育委員会。要するに、地方自治体の役所で働くことになる。ただし日常は、教員への指導・助言のために、または教育施策の説明のために、学校現場を訪れることも多い。教職員研修センターで、教員のための研修の企画・運営を担当している指導主事もいる。

Chapter 5 学校を支える仕事を見てみよう

働いている人に Interview! 11
スクールカウンセラー

不登校や対人関係のトラブルなど、
悩みを抱えた子どもや保護者の
相談にのり、問題の解決を図る。

石田由理さん(いしだゆり)

大学・大学院で心理学を学び、臨床心理士の資格を取得後、東京都の採用選考を受けて、中学校のスクールカウンセラーに。現在はかけもちで、区の教育相談員としても活躍中！

Interview!

> ### スクールカウンセラーってどんな仕事？
>
> 中学校、あるいは小学校や高校で、不登校や対人関係のトラブルなど、何らかの問題を抱えて悩む子どもや保護者の相談にのる。また、トラブルを未然に防いだり、起きた問題を解決したりするために、学校全体で子どもや保護者にどう働きかけていけばいいのか、教員ともよく話し合う。

子どもの相談にも、保護者の相談にものる

　私は中学校でスクールカウンセラーをしているのですが、生徒のなかには、私がいつ学校にいるのか、よくわかっていない子もいるかもしれません。というのも、私はその中学校に毎日いるわけではなく、週に1日だけ通っているからです。

　スクールカウンセラーの働き方というのは、週1～2日の勤務となる職場を、いくつかかけもちするのが一般的。私自身、中学校で仕事をするだけでなく、ほかの日には、小学校や地域の教育相談室でカウンセリングを行っています。

　では、スクールカウンセラーは学校で何をするのか。

　私たちの仕事は、学校で問題を抱えている子どもの話を聞くことや、子どものことで悩んでいる保護者の相談にのることです。不登校や対人関係のトラブル、いじめなど。学校内にそうした問題があった時、どうすればその問題を解決できるのか、よりよい方向にもっていけるのかを、子ども自身、その保護者、そして先生たちとも話し合います。

　今、勤務している中学校では、朝から夕方まで予定が入っていて、1日に5～6人と面談しています。学校の相談室で生徒や保護者と向き合うこともあれば、不登校の子どもの家を担任の先生と訪ねることもあります。「別室登校」といって、教室に入りづらくて教務室などの別室で勉強している子を訪ねて、お話をすることもあります。

　面談の時間に特に制限はありませんが、一人に対してだいたい1時間

程度が目安。内容によっては2時間を超えることもありますね。

何ができるかをいっしょに考える

相談内容として多いのは、子どもが不登校になったり、学校を休みがちになったことへの相談です。保護者が心配されて学校を訪ねてこられるケースや、担任の先生が休みがちな子を気にかけて、その保護者を私につなげてくれるケースがあります。

もう一つは、子どもからの「友だちと気まずくなった」「親とうまくいっていない」といった、対人関係にかかわる相談。こちらは、まず養護の先生が保健室に来た子の悩みに気づいて、私につなげてくれるケースが多いです。最初に面談する時は、子どもはだいぶ緊張しているもの。ですので、本人の趣味や好きなことを聞いたりすることで、気持ちを楽にしてもらってから、本題に入るようにしています。

いずれにしても、相談にのるうえで心がけているのは、「こうしたほうがいい」などと、自分の考えを押し付けないことです。私たちがやるべきことは、助言するというよりも、いっしょに方向性をさぐる、とい

保護者との面談

えばいいでしょうか。子どもの不登校のことでお母さんから相談を受けたなら、「お子さんをお母さんが学校に連れてくることはできますか」「担任が家庭訪問することはできますか」「地域の教育相談室に行くことはできそうですか」などとさまざまな方法を示したうえで、実際にできそうなことをいっしょに考えます。

ただ、問題にかかわる人たちが、それぞれに別の思いをもっている時には、対応の難しさを感じます。子どもは「学校に行きたくない」と思っていて、先生は「別室でもいいから学校に来てほしい」と考えていて、保護者は「学校に行くならやはり教室に」と望んでいるとか。スクール

スクールカウンセラーのある1日

8時	出勤。面談の予定を確かめて、かかわる子どものことについて教員と情報交換。
8時20分	職員室で職員朝会。そのあとで校長先生と打ち合わせて、ここ1週間の学校の動きを確認。
9時	昼までに2〜3人と面談。相談室で生徒や保護者に対応。保健室にいる子などを訪ねる。
11時30分	教育相談や生徒指導の担当の教員と会談。子どもの状況について情報交換。
12時20分	給食。別室登校の子どもや、養護教諭といっしょに食べる。
13時	面談再開。
16時	担任の先生や養護教諭と話し合い。その後、今日の活動を日誌にまとめる。
17時	帰宅。

同僚の先生と生徒についての情報交換

カウンセラーは、そうしたさまざまな思いに折り合いをつけて、みんなが納得してめざせる一つの方向にもっていかないといけません。

小さな前進を積み重ねていく

　この仕事をしていてうれしいのは、やはり元気になった子どもの顔を見た時ですね。

　以前に、友だちとケンカをして悪口を言われたのがきっかけで、学校に来られなくなった生徒がいました。この時は先生方に協力してもらい、まずはその子に別室登校をしてもらって面談をしていきました。すると、話をしていくなかで、「友だちがいれば、クラスに戻れるかもしれない」と、その子が口にしてくれて。そこからクラスの子にも働きかけてもらって、ちょっとずつ教室に戻る時間をつくっていき、最終的には教室に復帰することができたんです。廊下でその子が楽しそうに友だちと話しているのを見た時は、ああ、よかったなあ、と思いました。

　もちろん、相談を受けた問題がいつもすんなりと解決できるわけではありません。それでも、子どものことで悩んでいたお母さんが「気持ち

面談後に内容を記録します

が楽になりました」と言ってくださったり、まったく笑わなかった子が一瞬だけ笑顔を見せてくれたりと、少しずつ変わる部分はあるんです。そうした日々のちょっとした変化を大事にしながら、よりよい状況をめざすのが、スクールカウンセラーの仕事なのだと思います。

個人的に課題だと感じているのは、面談の予定で1日が埋まってしまっていて、子どもたちが気軽に相談室に来る時間を取れないことです。

困っている生徒や保護者の相談にのるのは大事なことです。でも、それだけでなく、まだ大きな問題ではないけれど、ちょっとだけ悩んでいるような子の話も聞いて、どうすればいいかをいっしょに考えていけたらいいな、と思うんですよね。不登校やいじめなどの問題が起きる前から、もっと子どもたちの力になれたら、と。そうした予防的な活動に取り組むことも、スクールカウンセラーの役割の一つなので。

だからこそ、先生方との連携をさらに深めたいと思っています。子どもたちにこんなきざしや、こんな傾向が見られたら、おたがいにどう動けばいいのか。自分だけでどうにかしようとするのではなく、学校現場にいつもいる先生たちと力を合わせることで、子どもたちのさまざまな悩みに、より柔軟に対応できる環境を整えていきたいです。

スクールカウンセラーになるには

どんな学校に行けばいいの？

スクールカウンセラーとして働くには、基本的に「臨床心理士」の資格が必要だ。臨床心理士の資格を取るには、大学で心理学などを学んだうえで、臨床心理士を養成するコースのある大学院に進もう。そこで専門の勉強を終えてから、資格試験を受けて合格すると、臨床心理士として仕事をしていけるようになる。

どんなところで働くの？

公立中学校では、ほぼ全校で都道府県の教育委員会に採用されたスクールカウンセラーが活躍している。公立の小学校や高校でも、市区町村や都道府県に採用されたスクールカウンセラーを置くところが増えてきた。私立の小学校・中学校・高校もまた、独自にスクールカウンセラーを採用している。

Chapter 5 学校を支える仕事を見てみよう

働いている人に Interview! ⑫

キャリア教育コーディネーター

企業や社会人に協力してもらい、
子どもたちに"将来"を考えさせる
キャリア教育をコーディネートする。

小寺 良介さん
(こでらりょうすけ)

広告会社で16年間働いてから会社を立ち上げてキャリア教育コーディネーターに。当初は話をもちかけても学校側の反応はほとんどなかったが、今や学校関係者から相談を受けるほどに！

Interview!

▶ キャリア教育コーディネーターってどんな仕事？

学校と、地域のさまざまな社会人や企業を結びつけて、キャリア教育のためのプログラムや場をつくる。そのために学校の先生とも、社会人や企業ともよく話し合わなければいけない。「働くこと」への子どもたちの理解が深まり、その子たちの能力も伸ばしていけるようなキャリア教育をめざす。

キャリア教育とはなんだろう？

「何のために勉強するのか」といった時に、「いい大学やいい会社に入るため」と説明するのは、有名な大学や会社に行っても安泰とはいえなくなった今では、もう通用しないと思うんですね。なので、勉強する理由をあげるなら、「君の将来の可能性を広げるため」となりそうですが——その可能性というのを子どもたちはそんなに多くは知りません。たとえば世の中にどんな職業があってどんな生き方ができるのか、とか。

だから子どもたちに、社会で働くさまざまな人を出会わせたいんです。知らない世界で活躍する人にふれることで、その仕事があこがれになる子もいれば、裏方からみんなを支える人の話を聞いて、そのすごさを感じ取る子もいます。そこでさらに考えてもらう。「そうか、君はそういう人がおもしろいと思うんだね。ならその人のようになるにはどうしたらいいかな？　海外に行くなら英語もできないとな。この技術には数学も必要らしいよ。……ほかには何をすればいい？」などと。

なりたいものが途中で変わることもよくありますが、少なくとも子どもたちは、誰かにやらされるのではなく、自分のために勉強をしたり、何らかのアクションを起こすようになるわけです。

キャリア教育とは、「こんな社会人にならなければいけない」と押し付けるものではなくて。いろいろな価値観をもった働く人に数多くふれることで、子どもたち自身に「僕はこうなりたい」「私はこうしたい」という思いを抱かせ、自分の意志で社会人として必要な能力をみがいて

もらうものだと思っています。そして、そうしたキャリア教育を行うために、先生といっしょに授業内容を考えたり、協力してくれる社会人や企業を探したりして、全体をコーディネート（調整）するのが、私たちキャリア教育コーディネーターの仕事です。

その学校の現場に合ったプログラムを

　仕事の流れとして、最初に行うのは学校の先生との打ち合わせです。その学校の子どもたちはどういう状況にあるのか、キャリア教育のプログラムを終えた時にどうなっていてほしいのか。その点を先生からきちんとヒアリングしたうえで、プログラムを練っていきます。

　ある小学校では、子どもたちに引っ込み思案な傾向が見られました。そこで先生たちと目標にしたのが、「そのうち変わってもいいよ、という前提つきで、子どもたち全員が『私はこんな仕事をしたい、そのために明日からこんなことする』と言えるようにしよう」というもの。

　その実現をめざして、まずは社会人をゲストティーチャーとして招く授業を行いました。自分のツテをたどって業種も職種も違う4名の方に

ゲストティーチャーの授業

協力をお願いし、それぞれと打ち合わせをしたうえで、教室で仕事について語ってもらったのです。

カーデザイナーの方は、好きなことをやり続けることの大切さを話してくれました。印刷会社の営業マンの方は、弁護士や外交官など、なりたいものがどんどん変わったこと、ただし人とかかわる仕事をしたかったのは共通していたことを語ってくれました。子どもたちは「いろいろな歩みがあること」や「知らない仕事がまだいっぱいあること」に気づいてくれました。招いた社会人の職業以外もいろいろと調べだした子が現れたのはうれしかったですね。その子の世界が広がったんだな、と。

キャリア教育コーディネーターのある1日

9時	出勤。事務所に寄ってからキャリア教育を行う小学校へ。
9時30分	小学校でゲストティーチャーの社会人と待ち合わせ。校長先生らとのあいさつ、打ち合わせ。
10時	先生とゲストティーチャーで2コマの授業をしてもらい、それを後ろで見守る。
11時45分	校長室に戻り、お礼や感想。
12時	昼食。先生やゲストティーチャーといっしょに給食を食べる。
13時30分	学校を出て、次回以降のプログラムに協力してくれる社会人と喫茶店で打ち合わせ。
16時	喫茶店などで今日の授業でやったことを文書にまとめ、学校にFAXかメールで送る。
18時	教育関係者や社会人と食事をしながら打ち合わせ。終わりしだい、帰宅。

授業を後ろからそっと覗きます

つぎに、菓子メーカーに協力をお願いして、子どもたちが工場見学をしながら、そこで働く人の話を聞くプログラムを行いました。商品を開発する人や、工場で生産にかかわる人、広報を担当する人。「会社員」のなかにもいろいろな役割があることを感じてほしかったのです。

最後に子どもたちに「どの仕事をしたい?」と聞くと、いちばん人気は商品開発。ほかにも、お菓子の最終検査をするアンカー役になりたい、と答えた子がいました。あの人が最後の責任をもっている人だから、と。それを聞いた菓子メーカーの工場長さん、もう感動して半泣きでしたよ。

「子どものために」という思いで結びつく

ただ、いつもこのように仕事がスムーズに進むわけではありません。

まず一つにお金の問題があります。キャリア教育コーディネーターを仕事として続けるには、教育委員会や学校に「子どもにこれだけの意義がある」と示して予算を組んでもらうか、協力してくれる企業に「キャリア教育にかかわると社員の研修にもなる」「企業のPRにもなる」「よい社会貢献活動になる」などとアピールして、やはり予算を組んでもら

コーディネーター同士での情報交換も必要です

わなければなりません。教育界も企業も大事なお金の使い道は慎重に見定めます。コーディネーターには、自分たちが行うキャリア教育の価値をまわりに納得してもらうように示すことも求められるんです。

学校の現場にすんなりとは受け入れられないこともあります。校長先生の決断でやることになっても、現場の先生はふだんの授業や学校行事のほうに力を入れたくて、キャリア教育に乗り気でないこともあります。子どもに教科の勉強をしっかりとさせたい保護者の方から、「こんなことをして意味があるんですか？」と問い詰められたこともありました。

でも大事なことは、教育現場にかかわる人は、意見は違っても誰もが「子どもの力になろう」と思っていること。そこはみんないっしょなんです。だから、「子どもにどうなってほしいですか」「そのためにお手伝いできることはないですか」と粘り強く話し合っていけば、先生方や保護者の方とうまく協力し合える部分は、必ず見つかるんですよ。

先生方や協力してくれる外部の方々と、こうしたらどうか、ああしたらどうかと企画して、キャリア教育のプログラムをつくりあげる。そのプログラムによって、子どもたちが笑顔や生き生きとした姿を見せてくれる。そんな時が、この仕事をしていて最高におもしろいですねえ。

キャリア教育コーディネーターになるには

どんな学校に行けばいいの？

どの学校を出なければいけない、というのは今のところ特にない。現時点では、主に社会人経験のある人がキャリア教育コーディネーターとなり、自分の経験や人脈をいかして活躍している。キャリア教育コーディネーターに必要な知識や技能を学ぶ育成講座も全国で行われている。

どんなところで働くの？

キャリア教育の事業を手がけている会社、またはNPO（非営利団体）。キャリア教育を手伝ってきた実績があり、教育委員会や学校からも信頼されるようになった人のなかには、フリーランスで働いている人もいる。ふだんは事務所にいることより、学校や社会人との打ち合わせで外にいることが多い。

ほかにもこんな仕事があるよ！

子どもと親の相談員

どんな仕事？

　小学校に週1〜3日くらいの勤務で、子どもたちの悩みや不安の相談にのったり、保護者の子どもへの悩みや心配ごとの相談にのる。相談された内容によっては、教員や保護者、地域の人とうまく連携して、問題を解決していくのも仕事だ。この「子どもと親の相談員」のほかにも、心の相談員や教育相談員などの名で、中学校や自治体の教育センターでも、相談員が活躍している。

この仕事に就くためには？

　市区町村教育委員会が、地域内の学校で相談員が必要とされている時に募集をしている。相談員には誰でもなれるわけではなく、もっとも重視されるのは、子どもとふれあってきた経験が豊富であること。このため、かつて教員や保育士をしていた人や、青少年団体のスタッフだった人、補導員だった人などが、主に相談員として活躍している。

地域コーディネーター

どんな仕事？

　学校と、その周辺の地域の人びとをつなぎ、子どもたちがより安全に、より生き生きと成長できる場をつくりだす。学校行事を手伝うスタッフや、登下校を見守る大人、部活動のサポート役、専門知識や技能を披露してくれる講師など。そうした人材が学校で必要とされた時、ボランティアや有償で手伝ってくれる地域住民をうまく束ねて、彼らと学校側との橋渡し役を担っていく。

この仕事に就くためには？

　市区町村の教育委員会が、学校の現状や地元のことについてよく知る人を、地域コーディネーターに任命している。このため、今のところは、学校のPTA (Parent-Teacher Association＝保護者と教員による団体) 活動にかかわった社会人や、元教職員などがコーディネーターになることが多い。最近では、地域コーディィネーターを養成する講座が各地域で開設されている。

ほかにもこんな仕事があるよ！

教育委員会 事務局職員

どんな仕事？

都道府県教育委員会事務局または市区町村教育委員会事務局で、その地域の教育政策を考えたり、公立学校の運営体制を整えたりする。たとえば、地域の人といっしょに長期的な教育ビジョンをまとめることや、学校施設の設置や管理、教職員の人事や給与の事務などにかかわる。地域によっては、教育委員会事務局ではなく、「教育庁」「教育局」という名称を使っている。

この仕事に就くためには？

都道府県や市区町村の職員採用試験を受けよう。一般的には、上級・Ⅰ類（大卒程度）と初級・Ⅲ類（高卒程度）など、問題のレベルや年齢制限の異なる複数の試験がある。その試験に合格すると、希望する仕事などを確認され、その結果、教育委員会事務局での採用となれば、教育行政にたずさわれる。ただし自治体の職員なので、その後、教育委員会以外の部署への異動もある。

文部科学省 職員

どんな仕事？

文部科学省は、教育、科学技術、学術、スポーツ、文化の分野の政策を立てる国の機関。いくつかの部署があり、なかでも「初等中等教育局」は、幼児教育から小学校・中学校・高校までの教育を充実させるための国の政策を考えている。学校で教えることの指針となる学習指導要領の見直しや取りまとめ、教員のレベルを上げるための政策、キャリア教育を推進するための政策などだ。

この仕事に就くためには？

文部科学省に入りたいなら、国家公務員採用Ⅰ種試験・Ⅱ種試験を受けよう。事務系と技術系の試験があり、試験に合格して文部科学省に採用されると職員になれる。Ⅰ種・Ⅱ種試験は大学を卒業していなくても受けられるが、受験資格は「その年度末に22歳になる者」か、「大学（Ⅱ種は短大も）卒業予定の者」とされている。問題も大学卒業程度なので、基本的にはまずは大学に進もう。

この本ができるまで
——あとがきに代えて

　学校は今、一つの大きな変化を迎(むか)えていると感じています。
　以前までの学校は、校内の教職員が主体となって——なかでも先生が主に子どもと向き合って、学校教育を行っていました。
　しかし、最近の学校は、もちろん先生の役割は変わらず大きいものの、養護教諭(きょうゆ)や栄養士、司書など、ほかの職員と子どもとのかかわりも大事にされ、学校外の社会人にも積極的に協力を求めるようになりました。
　いってみれば、老若男女、地域のさまざまな人が集う場所。
　そのなかで子どもたちは、生身の人間から生きた情報をたくさん受け取って成長します。一方で大人たちも、子どもたちやほかの社会人と接するなかで多くの刺激(しげき)と学びを得ていくようです。
　今回の取材を通して、学校教育にかかわっている人がたくさんいることを知り、また、取材をした方々から何度も「私自身が子どもたちから学ばせてもらっている」といったお話をお聞きしたことから、子どもにとっても、大人にとっても、かけがえのない場なんだなあ、ということを感じるようになりました。
　インタビューページにご登場いただいた方をはじめ、今回の本をつくるにあたって、取材などにご協力いただいた方を、つぎのページにまとめました。お忙(いそが)しいにもかかわらず、快くお力を貸していただけたことに、改めて感謝いたします。
　また、ぺりかん社の編集者の中川和美さんにも企画(きかく)から制作までたいへんお世話になりました。イラストを担当してくださった山本州さんや、文章の校正をしてくださった方など、制作にご協力いただいた方にも、この場を借りてお礼を申し上げます。ありがとうございました。

この本に協力してくれた人たち（50音順）

荒川区立第三中学校
飯塚あや子さん、清水隆彦さん、吉川浩司さん

大田区教育委員会
早川隆之さん

キャリア教育推進協議会21
大塚洋さん

子どもの未来創造協会
小寺良介さん

埼玉県立春日部東高等学校
木下通子さん

埼玉県立越ヶ谷高等学校
小林昭文さん、下山尚久さん

日本臨床心理士会
坂倉重雄さん、平野学さん

三鷹市立第六小学校
板橋正次さん、平川智子さん、藤原和彦さん、山下園美さん

羽村市立羽村第一中学校
石田由理さん、嘉陽義明さん

横浜市立蒔田中学校
大多和雅絵さん

装幀：菊地信義

本文デザイン・イラスト：山本 州(raregraph)

［著者紹介］
松井大助（まつい だいすけ）

1976年生まれ。千葉大学文学部卒業。編集プロダクションを経て、フリーランスライターとして独立。主な著書は『5教科が仕事につながる！』シリーズ、『空港で働く』（ぺりかん社）、『自動車の仕事大研究』（産学社）など。企業や官公庁の事務職・技術職から、教育、医療、福祉、法律、会計などの各分野の専門職まで、世の中のさまざまな職業を取材。働くことの楽しさや厳しさ、個々の仕事で求められる知識や技能について探求している。講演活動にも従事。

しごと場見学！──学校で働く人たち
［デジタルプリント版］

2010年12月10日　初版第1刷発行
2018年 1月31日　初版第1刷発行［デジタルプリント版］
2023年10月31日　初版第5刷発行［デジタルプリント版］

著　者：松井大助
発行者：廣嶋武人
発行所：株式会社ぺりかん社
　　　　〒113-0033　東京都文京区本郷1-28-36
　　　　TEL：03-3814-8515（営業）　03-3814-8732（編集）
　　　　http://www.perikansha.co.jp/
印刷・製本所：大日本印刷株式会社

©Matsui Daisuke 2010
ISBN978-4-8315-1497-4
Printed in Japan

出版案内

しごと場見学！シリーズ

第1期〜第7期
全30巻

しごとの現場としくみがわかる！

全国中学校進路指導・
キャリア教育連絡協議会 推薦

私たちの暮らしの中で利用する場所や、施設にはどんな仕事があって、どんな仕組みで成り立っているのかを解説するシリーズ。
豊富なイラストや、実際に働いている人たちへのインタビューで、いろいろな職種を網羅して紹介。本書を読むことで、「仕事の現場」のバーチャル体験ができます。

シリーズ第1期：全7巻

病院で働く人たち／駅で働く人たち／放送局で働く人たち／学校で働く人たち／介護施設で働く人たち／美術館・博物館で働く人たち／ホテルで働く人たち

シリーズ第2期：全4巻

消防署・警察署で働く人たち／スーパーマーケット・コンビニエンスストアで働く人たち／レストランで働く人たち／保育園・幼稚園で働く人たち

シリーズ第3期：全4巻

港で働く人たち／船で働く人たち／空港で働く人たち／動物園・水族館で働く人たち

シリーズ第4期：全4巻

スタジアム・ホール・シネマコンプレックスで働く人たち／新聞社・出版社で働く人たち／遊園地・テーマパークで働く人たち／牧場・農場で働く人たち

シリーズ第5期：全3巻

美容室・理容室・サロンで働く人たち／百貨店・ショッピングセンターで働く人たち／ケーキ屋さん・カフェで働く人たち

シリーズ第6期：全3巻

工場で働く人たち／ダム・浄水場・下水処理場で働く人たち／市役所で働く人たち

シリーズ第7期：全5巻

銀行で働く人たち／書店・図書館で働く人たち／クリニック・薬局で働く人たち／商店街で働く人たち／ごみ処理場・リサイクルセンターで働く人たち

一部の商品は［デジタルプリント版］となります。詳細は小社営業部までお問い合わせください。

各巻の仕様 A5判／並製／160頁／定価：本体1900〜2200円＋税

出版案内

発見！しごと偉人伝 シリーズ
近現代の伝記で学ぶ職業人の「生き方」シリーズ

本シリーズの特色
- 各巻がテーマとする分野で、近現代に活躍した偉人たちの伝記を収録。
- 豊富な図、イラストで、重要ポイントや、基礎知識などをわかりやすく解説。

発見！しごと偉人伝①
医師という生き方
茨木 保 著

[本書に登場する偉人]
- 野口英世（医学者）
- 北里柴三郎（医学者）
- 荻野吟子（産婦人科・小児科医）
- 山極勝三郎（医学者）
- 荻野久作（産婦人科・医学者）
- 永井 隆（放射線科医）
- ナイチンゲール（看護師）
- 国境なき医師団（NGO）

価格：本体1500円＋税
ISBN 978-4-8315-1272-7 C0047

発見！しごと偉人伝②
技術者という生き方
上山明博 著

[本書に登場する偉人]
- 糸川英夫（ロケット博士）
- 本田宗一郎（エンジニア）
- 屋井先蔵（発明起業家）
- 安藤 博（エンジニア）
- 内藤多仲（建築家）
- 田中耕一（エンジニア）

価格：本体1500円＋税
ISBN 978-4-8315-1313-7 C0037

発見！しごと偉人伝③
教育者という生き方
三井綾子 著

[本書に登場する偉人]
- ペスタロッチ（教育者）
- フレーベル（幼児教育者）
- モンテッソーリ（幼児教育者）
- コルチャック（教育者・小児科医）
- 緒方洪庵（教育者・医師）
- 福沢諭吉（教育者）
- 嘉納治五郎（教育者・柔道家）
- 津田梅子（教育者）
- 宮沢賢治（児童文学者）
- 大村はま（教育者）

価格：本体1500円＋税
ISBN 978-4-8315-1331-1 C0037

発見！しごと偉人伝④
起業家という生き方
小堂敏郎・谷 隆一 著

[本書に登場する偉人]
- 松下幸之助（起業家・パナソニック創業者）
- 井深 大（起業家・ソニー創業者）
- 盛田昭夫（起業家・ソニー創業者）
- 安藤百福（起業家・日清食品創業者）
- 小倉昌男（経営者・ヤマト運輸）
- 村田 昭（経営者・村田製作所）
- 江副浩正（起業家・リクルート創業者）
- スティーブ・ジョブズ（起業家・アップル創業者）

価格：本体1500円＋税
ISBN 978-4-8315-1371-7 C0034

発見！しごと偉人伝⑤
農業者という生き方
藤井久子 著

[本書に登場する偉人]
- 二宮金次郎（農業者）
- 青木昆陽（農学者）
- 船津伝次平（農業指導者）
- 中山久蔵（農業者）
- 福岡正信（農業者）
- 杉山彦三郎、松戸覚之助、阿部亀治（農業者）
- 西岡京治（農業指導者）
- 安藤昌益（思想家・農業者）

価格：本体1500円＋税
ISBN 978-4-8315-1384-7 C0061

各巻の仕様　四六判／並製カバー装／平均180頁　　価格：本体1500円＋税

出版案内

会社のしごとシリーズ 全6巻
会社の中にはどんな職種があるのかな？

社会にでると多くの人たちが「会社」で働きます。会社には、営業や企画、総務といったしごとがありますが、これらがどういうしごとであるか、意外と正しく理解されていないのではないでしょうか？
このシリーズでは、会社の職種を6つのグループに分けて分かりやすく紹介し、子どもたちに将来のしごとへの理解を深めてもらうことを目指します。

松井大助 著

① 売るしごと 営業・販売・接客 ISBN 978-4-8315-1306-9	お客さまと向き合い、会社の商品であるモノやサービスを買ってもらえるように働きかける「営業・販売・接客」のしごと。実際に働く14名へのインタビューを中心に、くわしく紹介します。
② つくるしごと 研究・開発・生産・保守 ISBN 978-4-8315-1323-6	ニーズにあった形や色・機能の商品を、適切な技術と手順で商品に仕上げ、管理する「研究・開発・生産・保守」のしごと。実際に働く14名へのインタビューを中心に、くわしく紹介します。
③ 考えるしごと 企画・マーケティング ISBN 978-4-8315-1341-0	新たなモノやサービスを考え出し、お客様に買ってもらうための作戦を立てる「企画・マーケティング」のしごと。実際に働く14名へのインタビューを中心に、くわしく紹介します。
④ 支えるしごと 総務・人事・経理・法務 ISBN 978-4-8315-1350-2	各部門の社員が十分に力を発揮できるように、その活動をサポートする「総務・人事・経理・法務」のしごと。実際に働く14名へのインタビューを中心に、くわしく紹介します。
⑤ そろえるしごと 調達・購買・生産管理・物流 ISBN 978-4-8315-1351-9	工場やお店に必要なモノがそろうように手配する「調達・購買・生産管理・物流」のしごと。実際に働く14名へのインタビューを中心に、くわしく紹介します。
⑥ 取りまとめるしごと 管理職・マネージャー ISBN 978-4-8315-1352-6	みんながいきいきと働いて、目的を達成できるように取りまとめる「管理職・マネージャー」のしごと。実際に働く14名へのインタビューを中心に、くわしく紹介します。

各巻の仕様　A5判／上製カバー装／平均160頁　　価格：本体2800円＋税

出版案内

探検! ものづくりと仕事人
仕事人が語る、ものづくりのおもしろさ！ 全5巻

本シリーズの特色
- その商品ができるまでと、かかわる人たちをMAPで一覧！
- 大きな写真と豊富なイラストで、商品を大図解！
- できるまでの工場見学をカラーページで紹介！
- 仕事人のインタビューから、仕事のやりがいや苦労がわかる！
- 歴史や知識もわかる、豆知識ページつき！

マヨネーズ・ケチャップ・しょうゆ
山中伊知郎 著
ISBN 978-4-8315-1329-8

マヨネーズ　マヨネーズができるまでを見てみよう！　マヨネーズにかかわる仕事人！　ケチャップ　ケチャップができるまでを見てみよう！　ケチャップにかかわる仕事人！　しょうゆ　しょうゆができるまでを見てみよう！　しょうゆにかかわる仕事人！　まめちしき（マヨネーズの歴史 他）

ジーンズ・スニーカー
山下久猛 著
ISBN 978-4-8315-1335-9

ジーンズ　ジーンズができるまでを見てみよう！　ジーンズにかかわる仕事人！　スニーカー　スニーカーができるまでを見てみよう！　スニーカーにかかわる仕事人！　まめちしき（ジーンズの歴史・生地の話、スニーカーの歴史、スニーカーの選び方）

シャンプー・洗顔フォーム・衣料用液体洗剤
浅野恵子 著
ISBN 978-4-8315-1361-8

シャンプー　シャンプーができるまでを見てみよう！　シャンプーにかかわる仕事人！　洗顔フォーム　洗顔フォームができるまでを見てみよう！　洗顔フォームにかかわる仕事人！　衣料用液体洗剤　衣料用液体洗剤ができるまでを見てみよう！　衣料用液体洗剤にかかわる仕事人！　まめちしき（シャンプーの歴史 他）

リップクリーム・デオドラントスプレー・化粧水
津留有希 著
ISBN 978-4-8315-1363-2

リップクリーム　リップクリームができるまでを見てみよう！　リップクリームにかかわる仕事人！　デオドラントスプレー　デオドラントスプレーができるまでを見てみよう！　デオドラントスプレーにかかわる仕事人！　化粧水　化粧水ができるまでを見てみよう！　化粧水にかかわる仕事人！　まめちしき（リップクリームの歴史 他）

チョコレート菓子・ポテトチップス・アイス
戸田恭子 著
ISBN 978-4-8315-1368-7

チョコレート菓子　チョコレート菓子ができるまでを見てみよう！　チョコレート菓子にかかわる仕事人！　ポテトチップス　ポテトチップスができるまでを見てみよう！　ポテトチップスにかかわる仕事人！　アイス　アイスができるまでを見てみよう！　アイスにかかわる仕事人！　まめちしき（チョコレート菓子の歴史 他）

| 各巻の仕様 | A5判／上製カバー装／平均128頁／一部カラー　　価格：本体2800円＋税 |

【なるにはBOOKS】

税別価格 1170円～1700円

- ❶ パイロット
- ❷ 客室乗務員
- ❸ ファッションデザイナー
- ❹ 冒険家
- ❺ 美容師・理容師
- ❻ アナウンサー
- ❼ マンガ家
- ❽ 船長・機関長
- ❾ 映画監督
- ❿ 通訳者・通訳ガイド
- ⓫ グラフィックデザイナー
- ⓬ 医師
- ⓭ 看護師
- ⓮ 料理人
- ⓯ 俳優
- ⓰ 保育士
- ⓱ ジャーナリスト
- ⓲ エンジニア
- ⓳ 司書
- ⓴ 国家公務員
- ㉑ 弁護士
- ㉒ 工芸家
- ㉓ 外交官
- ㉔ コンピュータ技術者
- ㉕ 自動車整備士
- ㉖ 鉄道員
- ㉗ 学術研究者(人文・社会科学系)
- ㉘ 公認会計士
- ㉙ 小学校教諭
- ㉚ 音楽家
- ㉛ フォトグラファー
- ㉜ 建築技術者
- ㉝ 作家
- ㉞ 管理栄養士・栄養士
- ㉟ 販売員・ファッションアドバイザー
- ㊱ 政治家
- ㊲ 環境専門家
- ㊳ 印刷技術者
- ㊴ 美術家
- ㊵ 弁理士
- ㊶ 編集者
- ㊷ 陶芸家
- ㊸ 秘書
- ㊹ 商社マン
- ㊺ 漁師
- ㊻ 農業者
- ㊼ 歯科衛生士・歯科技工士
- ㊽ 警察官
- ㊾ 伝統芸能家
- ㊿ 鍼灸師・マッサージ師
- 51 青年海外協力隊員
- 52 広告マン
- 53 声優
- 54 スタイリスト
- 55 不動産鑑定士・宅地建物取引士
- 56 幼稚園教諭
- 57 ツアーコンダクター
- 58 薬剤師
- 59 インテリアコーディネーター
- 60 スポーツインストラクター
- 61 社会福祉士・精神保健福祉士
- 62 中小企業診断士
- 63 社会保険労務士
- 64 旅行業務取扱管理者
- 65 地方公務員
- 66 特別支援学校教諭
- 67 理学療法士
- 68 獣医師
- 69 インダストリアルデザイナー
- 70 グリーンコーディネーター
- 71 映像技術者
- 72 棋士
- 73 自然保護レンジャー
- 74 力士
- 75 宗教家
- 76 CGクリエータ
- 77 サイエンティスト
- 78 イベントプロデューサー
- 79 パン屋さん
- 80 翻訳家
- 81 臨床心理士
- 82 モデル
- 83 国際公務員
- 84 日本語教師
- 85 落語家
- 86 歯科医師
- 87 ホテルマン
- 88 消防官
- 89 中学校・高校教師
- 90 動物看護師
- 91 ドッグトレーナー・犬の訓練士
- 92 動物園飼育員・水族館飼育員
- 93 フードコーディネーター
- 94 シナリオライター・放送作家
- 95 ソムリエ・バーテンダー
- 96 お笑いタレント
- 97 作業療法士
- 98 通関士
- 99 杜氏
- 100 介護福祉士
- 101 ゲームクリエータ
- 102 マルチメディアクリエータ
- 103 ウェブクリエータ
- 104 花屋さん
- 105 保健師・養護教諭
- 106 税理士
- 107 司法書士
- 108 行政書士
- 109 宇宙飛行士
- 110 学芸員
- 111 アニメクリエータ
- 112 臨床検査技師
- 113 言語聴覚士
- 114 自衛官
- 115 ダンサー
- 116 ジョッキー・調教師
- 117 プロゴルファー
- 118 カフェオーナー・カフェスタッフ・バリスタ
- 119 イラストレーター
- 120 プロサッカー選手
- 121 海上保安官
- 122 競輪選手
- 123 建築家
- 124 おもちゃクリエータ
- 125 音響技術者
- 126 ロボット技術者
- 127 ブライダルコーディネーター
- 128 ミュージシャン
- 129 ケアマネジャー
- 130 検察官
- 131 レーシングドライバー
- 132 裁判官
- 133 プロ野球選手
- 134 パティシエ
- 135 ライター
- 136 トリマー
- 137 ネイリスト
- 138 社会起業家
- 139 絵本作家
- 140 銀行員
- 141 警備員・セキュリティスタッフ
- 142 観光ガイド
- 143 理系学術研究者
- 144 気象予報士・予報官
- 145 ビルメンテナンススタッフ
- 146 義肢装具士
- 147 助産師
- 148 グランドスタッフ
- 149 診療放射線技師
- 150 視能訓練士
- 151 バイオ技術者・研究者
- 152 救急救命士
- 153 臨床工学技士
- 154 講談師・浪曲師
- 155 AIエンジニア
- 156 アプリケーションエンジニア
- 157 土木技術者
- 158 化学技術者・研究者
- 159 航空宇宙エンジニア
- 160 医療事務スタッフ
- 補巻24 福祉業界で働く
- 補巻25 教育業界で働く
- 補巻26 ゲーム業界で働く
- 補巻27 アニメ業界で働く
- 補巻28 港で働く
- 別巻 大人になる前に知る 命のこと
- 別巻 大人になる前に知る 性のこと
- 別巻 レポート・論文作成ガイド
- 別巻 ミュージアムを知ろう
- 別巻 小中高生におすすめの本220
- 別巻 中高生からの防犯
- 別巻 会社で働く
- 別巻 大人になる前に知る 老いと死
- 別巻 指と耳で見る、目と手で聞く
- 別巻 生理の話
- 別巻 中高生の防災ブック
- 教科と仕事 英語の時間
- 教科と仕事 国語の時間
- 教科と仕事 数学の時間
- 高校調べ 総合学科高校
- 高校調べ 商業科高校
- 高校調べ 農業科高校

―――― 以降続刊 ――――

※一部品切・改訂中です。

2023.10.